老後に備える

もっとも確実な
資産
運用術

伊藤 武

プロローグ

日本経済は過去30年間、完全に主要国に取り残されてしまいました。個人の貯蓄を考える前提として、どのような状況に置かれているかを把握しなければなりません。国の政治や政策の良し悪しは別として、経済が成長していれば、将来に対しても楽観的な見方が出来ます。しかし決してそうではなかったのです。日本経済が、いかに凋《ちょう》落《らく》したかは以下が物語っています。

日本のバブル経済は、1990年代前半に崩壊し、以後経済停滞が蔓延《はびこ》り「失われた30年」と揶揄《やゆ》されています。バブル終焉直後の1994年を起点とした時点での、日本の名目GDP約511兆円に対し、2023年末には559兆円となり、ほぼ30年間でわずか9％の経済成長に止まっています。一人当たりGDPも、同期間で408万3500円に対し、445万1700円となり、日本GDP同様に9％の増加に過ぎません。

その間、世界のGDPは、1994年の27兆9800億ドルから2022年の100兆

5620億ドルと359%の上昇を記録し、またその間の人口増を織り込んだ一人当たりGDPも256%上昇しています。日本は1994年には世界GDP比18%を占めていたのが、現在はたったの4%まで低落してしまいました。米国は当時の26%から現在も25%を占め、ほぼ同地位を保全してきました。その間アジア経済は中国を中心に世界GDP比5%から25%への成長を遂げています。日本の経済規模は突出した規模から何とか世界第3位を保持してきましたが、一人当たりのGDPは32位(2023年)まで低落しています。一人当たりGDPはアジアでも現在シンガポール、香港、ブルネイに次ぐ4位となっていますが、近くにも台湾と韓国に追い越されてしまいます。遠くない将来、アジアの中流国に陥るのは必然でしょう。

もともと日本は、先進国の仲間入りをする中で高インフレ率の国家でしたが、バブル崩壊後の30年間に亘《わた》りデフレを回避する状況に追われてきました。小泉政権下で遅まきながらの金融システム再編成後も、安倍政権下での日本銀行と二人三脚推進のアベノミクス経済政策も中途半端に留まり、日本の持続的経済成長を推進することができませんでした。

そうでありながら、日本国民は失われた30年もの間、本質的に痛みや損失を回避してきました。日本はもともと所得や資産格差の少ない国でしたので、国民全体の生活向上を経済の基盤として成長を遂げました。国民の大多数が中流階級を自認してきた国です。公共投資や基本的な社会インフラ整備は先進国間でも群を抜いています。全国を網羅する日本の鉄道や都市交通機関の効率性とダイヤの正確度は世界一を誇っています。利便性の高いコンビニ、宅配便、公共設備等、国民全員が安価に利用できる生活手段も充実しています。医療では世界的に誇れる国民皆保険制度を有します。介護制度もしかりです。

バブル崩壊後の1990年代には価格破壊が流行語となり、諸物価の上昇は回避されてきました。インフレ環境下では物価上昇に追いつこうとする購買意欲が促進されるのに対し、デフレ対応経済環境下では物価安定がほぼ保証され、購買意欲が喚起されません。そのようにぬるま湯に浸かった経済環境が、30年間絶え間なく継続したのです。結果として知らぬ間に世界に取り残される状況に陥っているのです。

日本の高度経済成長の中心を担った人口は、団塊の世代を筆頭に高齢化し、就業人口も今後は急速に減少していきます。現時点で就業人口の大半は日本の高度成長とは全く無縁の世代となっています。引退した人口は、過去の経済成長の蓄えを取り崩していながら、窮乏生活は基本的に回避できてきました。今までは、老後の人生は何とかなるとの思いはそれなりに納得できるものでした。ところが、今後そのような蓄えは、確実に先細りになります。

本書は、読者の皆さんが喫緊の課題として、貯蓄に真剣に取り組むことを願って筆を執りました。最早《もはや》、時間の余裕はなくなっています。決してオオカミ少年ではありません。

貯蓄の手ほどきとは常識の適用に過ぎません。極めて明快で簡単です。自ら置かれている経済・社会的背景をまず理解することでしょう。ぐずぐずできないことが明瞭となります。それを出発点として、第2部までは「投資＝貯蓄」の本質を理解し、何よりも実行に移す術を提供します。多くの先入観は、見直さなければなりません。第3部では関心を持たれる読者の皆さんに、投資理論等についての理解を深める章を設けました。そして第4部はリーマンショック後の変貌した世界と日本の株式市場についての見解を述べました。

老後に備える
もっとも確実な資産運用術

目次

contents

目次

第二章　どうして銀行預金から脱皮できないのか

第三章　取り残された日本の金融・投資業界

第2部

第四章　貯蓄の基礎知識とは

第五章 ウォーレン・バフェットの投資哲学

第六章　投資の心得

第3部

第七章　株式投資の理解を深める基礎知識

第八章　リスクについて

第九章　投資対象としての金

第4部

第十章 リーマンショック後変貌した世界経済・金融体制

第十一章 日本株式市場の特異性

装幀　スーパービックボンバー　前田利博

第1部

第一章

投資の貧困国に陥った背景

長期に及び地盤沈下を続けてきた日本経済は、世界でも特異な状態に置かれています。特に目立った特徴を３つ挙げましょう。

1 少子高齢化国家

一つ目は、先進国間で進行する少子高齢化社会の最たる日本の人口構造が、急速に進行しました。

１９９５年時点で65歳以上は人口比14%に過ぎず、２０２２年には29%に達し、２０４０年には35%に増大することになります。

それに対し、生活の糧を提供する15歳～65歳人口の負担率(内就業人口は75%と仮定)はその間28%から現在65%となり、２０４０年には87%となります。

２０５０年には、就業人口の負担率がほぼ１００%に達します。換言すれば既に就業人口は退職高齢者の年金負担を大きく背負っていますが、今後負担額は増大し続け、結果として、双方の年金受給が先細りになることは必至でしょう。定年年齢の引上げや女性就業者の強化等で、ある程度の緩和は期待できるかもしれませんが、流れを変えられるものではありません。

２０１９年に金融庁のワーキンググループが、平均世帯の老後の実収入と実支出の差額は、毎月5万５０００円程不足し、30年間で２０００万円程度足りなくなるという、いわゆる「２０００万円問題」報告書が発表されたことを記憶されているでしょうか。本音を吐いた金融庁は、その後打ち消しに大わらわとなりました。

２　財政赤字

二つ目は、日本が世界の最たる財政赤字国ということです。

リーマンショック後、ＥＵ加盟国のギリシャは、ＥＵ規約を大きく逸脱する財政赤字を抱え込み、実質上破綻扱いを余儀なくされました。窮乏化の再建後、現在のギリシャの財政赤字は、ＧＤＰ比１８０％となっています。

それと比較し、現在日本の財政赤字はＧＤＰ比２３０％となり、先進国世界で突出しています。換言すれば、国民１人当たり１０００万円相当の借金を抱えていることになります。

米国はコロナ後の飛躍的財政拡大で一気に赤字幅を増やし、GDP比100％近辺となり、EU諸国も同程度の財政赤字を抱えています。

ドイツは例外で70％未満の健全財政を誇っています。日本の財政赤字は本来なら破綻を招く規模です。破綻しないのは、対外的に債権国であるので海外からの圧力がなく、2200兆円の個人金融資産で財政赤字を賄っているからです。

日本は個人が消費を抑制し、貯蓄に励み、その貯蓄を政府が食いつぶしているのが現状なのです。コロナ後は救済措置として40兆円のバラマキ等を実施し、平気を装っていますが、実際には危機に陥っており、そこからの脱出はほぼ絶望的でしょう。

3 インフレと金利上昇に転ずる世界

三つ目は、バブル崩壊後の日本経済が、いち早くデフレ環境に突入したことです。その対応として、金融政策は一貫して超緩和政策を堅持してきました。1990年代に預金金利はほぼゼロとなる事態は日本だけでしたが、先進国全体も低インフレ環境に転じ、インフレ率は2％が適正と見られるコンセンサスが定着しました。

２００８年に発生した世界金融危機以降は、異次元金融量的緩和策を主要国全体が採用し、且つインフレなき経済環境が定着したかに見られるようになりました。そして近年に日本銀行はマイナス金利政策を採用してきました。

世界の経済成長そのものが低減はしたものの、低インフレ・低金利の10数年間不況を回避した経済環境が定着し、いわゆるニューノーマル時代が到来したのです。ところが、百年に一度と言われる疫病コロナ・ウイルスが世界を襲い、新たな世界経済環境が展開しています。未知の世界に突入しましたが、インフレなき世界は終焉し、ゼロ金利環境は転換期を迎えました。２０２２年以降、世界は急速な金利上昇とインフレ対策が採用され、日本との政策対応の乖離が鮮明になっています。

たとえ日本がデフレ環境からインフレ環境に脱皮できることがあっても、再び世界に遅行する様相となっています。

その一つの現象は、為替市場の動向で、急速な円安は変動する世界経済情勢が物語っています。

4 日米双方のキャリアから学んだ体験談

私は英国の大学で経済学を学び、その後、ウォール街に就職しました。当時日本の金融国際化黎明期の、ニューヨーク金融街では、日系企業を除き、日本人従業員はほぼ皆無の時代でした。以後、日米間で半世紀に亘り世界の金融市場を舞台に、キャリアを積んできました。ごく一部ですが私個人の体験談を紹介します。

本書は私が日米で体験し、積み上げた両国比較の知識をもとに執筆しますので、日本が米国から学べることを書き上げ、知識を持たないその他諸国の制度については触れていません。

私が65歳に達した時点で、日米の勤務体験をもとに、両国からほぼ同時に年金を受けることになりました。日本では国民年金と厚生年金、そして企業年金を受け取り、米国からは社会保険と勤務企業からの企業年金を受け取っています。

転職を経験していますが、米国は古くから年金の持ち運びが制度的に導入されていますので、最終勤務企業で累積の年金が支給されます。米国勤務は累計20年程度ですが、その間の社会保険給付だけでも、満期まで納付した国民年金の5倍以上の金額となっています。

米国企業年金は確定給付と確定拠出双方から給付を受け、確定拠出年金は定年後も保持でき、毎年の最低引き下ろし金額は設定されるものの、80歳になった現在も税制優遇運用資産として継続しています。

日米で給付の差額があまりにも大きいので愕然《がくぜん》とした次第です。年金の累積運用利殖が米国と日本ではあまりにも違いすぎるからです。日米の年金制度については、のちほど本書で詳しく論じます。

米国で金融業に携わる就業者は、多かれ少なかれ個人的にも投資に関心を持ち、金融のノウハウを取得して自らも投資で成功することを希望します。

証券外務員試験やその他の諸々の資格試験なども、知識向上を目的に前向きな姿勢で臨んでいます。私が勤務した複数の金融機関はいずれも従業員の証券投資を、当然のこととして承認しています。

但し、企業や業界の内部情報等を知り得る立場の個人証券取引は、厳密な管理のもと、すべてが開示され違法取引等の監視体制が確立されています。

米国では金融機関に就職する時点で、就業者全員が指紋を採取され、永久に保存されています。金融業界に従事する人間は誰しも個人の投資活動を論じ、切磋琢磨するキャリアを構築します。

それに対し、日本の金融機関に従事する就業者は、個人の証券投資を奨励するどころか厳格に規制します。金融機関で上層部に到達した役員等、ほぼ証券投資活動とは無縁となっています。岸田政権下、「資産運用大国」を目指しながら、金融業に従事する業界人はほとんど投資経験をもたない実状なのです。例えば、ゴルフのプロを目指す希望者にゴルフのプレーを禁ずるのと同じことです。投資活動に対するプロの姿勢が、日米では正反対となっていることを痛感してきました。

日米を問わず、証券会社は伝統的には個別株、債券や投資信託の売買を奨励し、手数料が収入源となります。

即ち、収益構造がフローであり、売買の金額と回数が多ければ多いほど収益が高まります。それに反し、銀行は個人の預金を集め、それを原資として企業に融資活動を提供します。預金集めは多額になればなるほど収益力が高まり、その収益構造はストックです。

従来、米国のメリル・リンチ社と日本の野村證券は共に個人投資家対象の最大の証券会社でした。

ところが米国では、投資信託が１９８０年代以降飛躍的に伸び、その成功を基に証券会社を通さず、自己販売または販売手数料が付加されない、ノーロードファンドが主流になりました。

投資信託の販売手数料を除去し、資産の多寡で収益が決まるストックのビジネスに展開したのです。

１９９８年に日本での投資信託の販売業務は、証券会社専業から銀行を中心に他の金融機関も販売が可能になりました。銀行預金は当時既にほぼゼロ金利となり、貸付金利も利ザヤが縮小していましたので、銀行の収益力は大幅に低下していました。それに代わり、投資信託販売は手数料の高い業務で、銀行の個人業務は預金のストックから投資信託販売のフロービジネスに転換してしまいました。

1980年代以降、個人の金融業務で米国は資産規模に応じたストックビジネスが飛躍的に増大したのに対し、日本は本質的に利益相反となる回転売買のフロービジネスから脱皮できずに、低迷したままとなってしまいました。

1998年に銀行の投資信託販売が自由化された年に、私は、外資系の投資信託の日本での組成と販売担当に携わり、日本の投資信託業務の実情を学びました。

当時、高齢者間で最も人気のある投資信託は毎月分配型でした。受給年金の不足分を補う目的で、毎月又は隔月に確定額を分配する内容の投資信託です。

その趣旨は良いかもしれませんが、驚いたことに販売累計の過半数は元本割れをしているのです。即ち、投資信託の分配金不足分は投資した元本から支払っているのです。受給者の投資元本が大きく棄損される仕組みの投資信託が、合法的に組成されていることに唖然《あぜん》としましたが、長期に亘り、人気商品として販売されてきたのです。

2010年に初めて日本の証券会社の個人営業部門を担当しました。銀行傘下の証券部門でした。業務はフロービジネスに徹し、回転売買を重視することと、それ以上に儲かる商品の開発に、各社鎬《しのぎ》を削っています。当時、派生証券が多く開発され、それらは業者にとって最も好都合の商品です。

派生証券とは語源通り、表面上その仕組みは見えない有価証券です。銀行や証券会社の販売で、最も普及した商品は仕組み債です。誰しも債券投資は安全な投資対象であるとの先入観を持っており、仕組み債の発行体は、信用力の極めて高い企業や機関です。

発行体が債務不履行に陥る可能性はほぼありません。販売員はそのことを強調します。しかし、預金であろうが債券であろうが金利は極めて低いのが現状です。

そのため、金利を高める工夫がなされる派生商品が、その債券に組み込まれているのです。

一般投資家が仕組みの内容を把握することはほぼ不可能です。販売会社はその仕組みによって大きな利潤を得ます。

このような一般投資家をはぐらかす証券販売が合法であることも、全く納得できませんでした。

米国でも仕組み証券は一部合法的に組成されていますが、その販売対象は、内在リスクを把握できる富裕層や、投資経験が豊富な投資家に限られています。

私は50年間、日米の金融業務に携わり、その歴史を目の当たりに観察してきました。バブルのピーク時、日本の金融機関は世界一を誇っていましたが、今は見る影もありません。

米国のリーマンショックは金融業界の無謀な取り組みに起因しました。それにより試行錯誤を繰り返すも、早期に収益力を回復してきました。日本の金融機関は現在にいたってもバブル期の収益力を回復出来ていません。その間、個人投資は完全に取り残されてしまいました。

5 克服しなければならない数多くのハードル

政府発信のスローガン、「貯蓄から投資へ」は久しく誰もが耳にする奨励策です。しかし、現実にその奨励策の多くは、実行に移されていません。効果がなかったことの実証と、なぜ効果がないかの理由を提供しましょう。

家計の金融資産構成は現預金が主体で、全く変わっていません。直近の統計から判明している事実は、日本の個人金融資産は54・2％が現金又は預金で構成されています。そして、債券と株式投資は合算して12・3％、投資信託は4・4％、その他保険・年金等が29・1％となっています。米国では個人金融資産のうち現・預金が12・6％、債権・株式投資が44・3％、投資信託が11・9％で、その他の保険・年金等が31・3％となっています。

保険・年金・定額保証等は日本、米国及びユーロエリアのいずれもがほぼ同等の30％前後を占めていますが、日本は現金中心に対し米国は有価証券中心となり、全く対照的な金融資産構造となっています。

◉日米家計金融資産比較

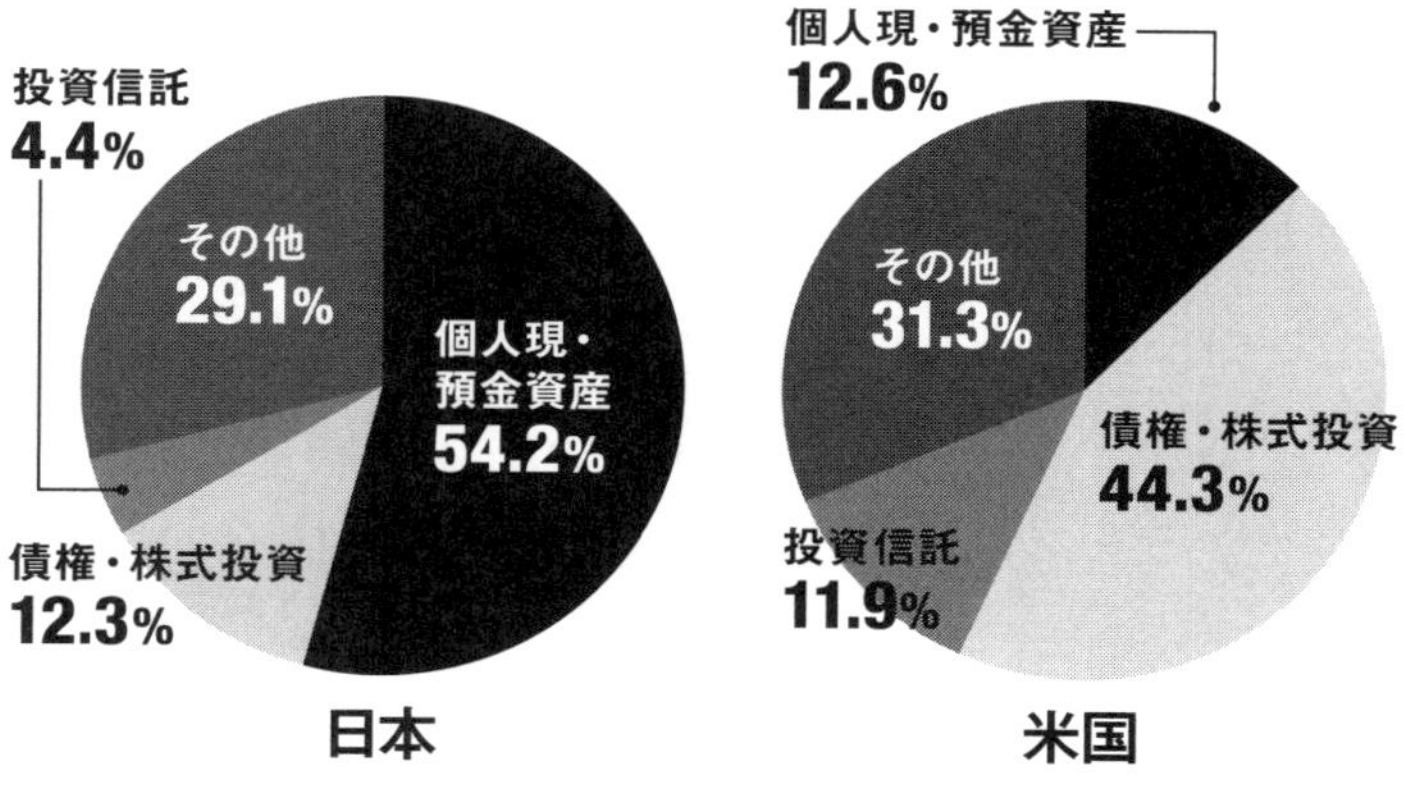

ユーロエリアの資産構成は、ちょうど日米の中間ぐらいを構成しています。過去10年間、資産内容の構成には、両国ほぼ変化がなかったのみならず、日本のバブル崩壊直後の1995年に遡《さかのぼ》って検証したところ、日本での変化は微小で、むしろ株式の比率は当時12・7％、現在よりも高い構成比率となっています。米国は趨勢的に株式志向が高まり、当時の構成比率は32・6％でした。換言すれば、日本の個人の貯蓄は過去30年近く、利子を生まない現金や預金にしがみついてきたのです。

歴史的に有価証券投資は、現金や預金等よりも高いリターンを提供してきました。従って、家計の金融資産増加率は、米国が日本を大きく上回っています。2010年に日本の家計金融資産額はGDP比401％でしたが、2022年には500％に高まっています。

ほぼ経済成長がなかった期間に比率が高まったのは、日本人個人が消費より貯蓄を高めたからです。結果として保有金融資産額は、2200兆円に達しました。

米国の家計金融資産額は、GDP比2010年の347％から475％となり、米国経済の成長に加えて、投資効果の結果が主要要因となっています。

米国は、名実共に世界の最たる資本主義国家です。

ジャパン・アズ・ナンバー・ワンと標榜されたバブル期に日本は世界第二位の資本主義国に台頭しました。共産主義国の中国も資本主義を採用し、21世紀には一気に米国に追随する世界第二位の経済大国にのし上がっています。

日本は資本主義大国でありながら、しばしば世界最大の社会主義国と揶揄されています。それは、歴史的経済構造に起因しているからでしょう。

第二次世界大戦後の日本は、金融機関を中心に間接金融で経済成長を遂げました。自己資本力の乏しい民間企業は、銀行借り入れを中心とした間接金融で急成長をしました。

資本市場も成長はしたものの、株式による増資や債券発行は、銀行等の融資に比較すると相対的に小さく、株式市場はむしろ投機や回転売買を中心に、一部の投資家の舞台として成長し、一般個人とは接点の少ない市場に留まりました。一般個人の投資は主として銀行預金に依存したのです。勿論バブル期には、株式市場が驀進《ばくしん》した訳ですが、根本的には企業と一部個人の投機市場の活況に過ぎませんでした。

日本の代表的株価指数の日経平均株価225種は、戦後右肩上がりの軌跡を辿り1984年に初めて1万円の大台を乗せ、その後の経済バブルの最中1989年末には、3万8915円当時の史上最高値を付け、その後は20年数年の期間下げ相場の様相を描きました。

安倍政権発足後のアベノミクス経済推進後、株式市場は持ち直し、現在11年経過した時点で最高値を更新していますが、日本の株式市場は長期に亘り魅力を提供してきませんでした。バブル相場を経験した世代の大半は、当然ながら株式市場から手を引き、次の世代はそもそも株式市場に関心を持つことはありませんでした。

1985年には、米ドル高是正を目標とした主要国首脳招集のプラザ合意が成立し、日本円は米ドルに対し、当時の1米ドル＝250円近辺から一気に円高に進行しました。その後の円は強い通貨としての位置付けが定着し、2013年に安倍政権で円安是正を実行するまで、瞬間的に1米ドル＝75円という円高に見舞われました。結果として、日本の投資家は長期間為替リスクを嫌い、海外投資の足かせとなってきました。

第二章 どうして銀行預金から脱皮できないのか

1 戦後日本が辿った間接金融の資本主義

第二次世界大戦後、日本の経済復興は間接金融に依存してきました。1960年代からの高度経済成長期は銀行融資を中心とする間接金融で成し遂げ、資本市場の役割は限定的に留まりました。企業成長の必要な資本は、主として銀行が個人の預金で賄ったのです。

高度成長期には株式市場も大いに賑わいましたが、その成果も大半は金融機関が占めてしまいました。日本企業全般の自己資本比率は1960年以降20％からそれ以下に低下し、2000年にいたるまで20％未満に推移しました。

自己資本比率が低いということは過少資本であり、外部資金に依存する度合いのメルクマールです。バブルの時代には資本市場の機能も本格的に高まりましたが、それも投機を奨励する歪んだ形でした。バブル崩壊後、日本企業は資本構造の修復に励み、今日に至っています。

現在は自己資本比率も遜色のない状態に改善し、むしろその潤沢な資本を有効に活用できていないのが大きな問題となっています。バブル時代は個人も株式投資に励みましたが、基本的に投機の場として潤っただけで終わってしまいました。結果として個人の株式投資は根付くどころか、反省も含め遠ざかる要因となりました。

2 日本人気質

日本人の相続と贈与

欧米で古くから伝えられるおとぎ話「三匹の子豚」は、子供時代に誰しもが教わる話です。
藁《わら》の家と木の家を建てた2匹の子豚は、オオカミから逃れることが出来ませんでしたが、堅実にレンガの家を建てた子豚だけはオオカミから身を守ることが出来た、という西洋の教訓として受け継がれています。

その教訓は資産を恒久に保全しようとする西洋思想に基づいています。それに対し、地震や台風等、多くの自然災害に晒《さら》されることも一因かもしれませんが、日本人の思想はもっと刹那的です。「地震、雷、火事、おやじ」という今では聞くことがなくなった格言が典型かもしれませんが、いつでも起こりうる惨事は儚《はかな》く、その表現が示唆する資産への根本的な思想は西洋と多くの面で対照的です。私の知識から、財産に対しても日本人として違和感を持つのは、例えば遺産や贈与です。

遺産は遺族が受け継ぐ財産でありますが、英米での遺産は故人の資産です。それゆえに相続の分配方式等が大きく異なります。贈与についても同じです。

日本では贈与税は当然ながら受取人に掛かる税金です。ところが英米での贈与税は、与える本人に掛かる税金です。資産が子々孫々に受け継がれる工夫がなされ、制度的に信託が根付くのが、英米の財産に対する対応手法です。

故人の財産をどのように保全や管理するかの制度であり、それにより受益者への税負担は一部の法令を除き、生じることはありません。

日本では、財産を築いても3世代で使い尽くしてしまうと、当然のように言われています。基本的に遺産は、本人が稼いだ資産ではなく相続税に対する重課税に対しても、抵抗は少ないです。

米国ではトランプ政権下の相続資産は、今の為替レートで、20億円程度が非課税となりました。そのように資産保全に対する執着は日本と西洋とでは大きく異なります。哲学的に、代々引き継げる恒久的資産としての資本投資志向が高い英米と、流動性の高い銀行預金を好む日本との相違が現れていると考えます。

日本の金融に関する倫理観

日本人は、一般的に心を込めた「モノづくり」や「おもてなし」から得られる対価で成功することは良しとしますが、お金でお金を稼ぐことに対しては、後ろめたさを感じます。

株式投資でコツコツと貯めて精進するような気概が見られないようです。お金は貯金として貯蓄に励むのが好ましいと考えられています。従って、金融では銀行預金を信用し、相場に対応する株式や商品市場は投機の場として長期的貯蓄の市場とは捉えていません。

英米では、銀行は短期金融を提供する機関に対し、証券会社は投資銀行と称され、資本市場で株や債券の長期資本を提供する機関であり、相場を張る投機機関とはみなされません。

日本人は不動産に対してはある程度の執着があります。しかし、保有のマイホームもそうですが、まとまった土地資産は世代が交代するごとに細分化され、資産価値も分散され、資産保持を困難にしています。欧米とは歴史的、思想的、宗教的、または哲学的な価値観の相違がうかがえます。

3 円高信奉

第二次世界大戦後期に勝利を確信した連合国は、1944年7月に米国ニューハンプシャー州ブレトンウッズに44か国が集合した会議で、戦後の世界金融体制を策定し、1970年代に変動為替制度に移行するまで、固定為替制度が30年近く存続しました。戦後は対米ドルに対し、日本円は360円に固定されていました。

それ以後、変動為替制度のもと、2012年にいたる40年間、日本円は強い通貨として君臨し、瞬間的には1米ドルに対し75円台の円高に到達。しかし2013年、安倍政権発足以降は、10年程の期間に160円台までの円安に進行しています。

バブル崩壊後、日本経済は低迷したにもかかわらず円高が進行し、日本からの海外投資は大きな為替リスクを負わされたのです。

主要貿易国である日本では、一般個人も為替動向に関心が高く、現在でも日本の個人は世界で最も活発に為替取引にハマっています。低迷する株式市場と、世界一金利の低い日本から海外証券投資は魅力的でありながら、常に為替リスクを懸念してきました。

海外証券投資に対し、多くの場合は為替ヘッジを組み入れ、それにはヘッジコストも伴います。特に債券投資の場合海外債券の高利回りもヘッジコストが大きな負担となってきました。

結果としては、大きな為替リスクを伴う状況での証券投資意欲が喚起されなかったのも一因でしょう。

4 人間の心理として行動経済学から学ぶ

2017年のノーベル経済学賞受賞者は、難しい経済理論を展開した学者ではなく、人間の行動様式を観察し、それをより好ましい方向に誘導する政策手法を理論化した行動経済学者リチャード・セイラー教授でした。

その理論は人間の行動様式を経済学として如何に望ましい方向に誘導するかであり、それを政策的に取り組む論説です。彼の著作『ナッジ(背中を軽く押す)』(和訳書:『実践行動経済学』サンスティーンとの共著)はベストセラーとなりました。

人間の心理として東西を問わない行動様式には

負けることを嫌う、リスクを回避する、面倒くさいことは後回しにする

等が挙げられます。

たとえば、投げるコインが表に出るか裏に出るかの賭けを提案した場合、大半の人はそれに乗りません。しかし、実証的に勝ち負けの比率を2対1にすることにより過半数の人がその賭けに応じるそうです。

要は勝つ満足感よりも負けを忌避する心理が支配するのです。株を買ったり売ったりを趣味とする投資家は別として、一般投資家はそのような志向を持たず、それは博《ばく》打《ち》とさえ考えます。

まさにその通りで、本来の投資を実現するには、何らかの形で「ナッジ」(ちょっとし

た後押し)を必要とします。2020年に日本経済新聞社が実施した世論調査では、回答者の86%が将来のお金への不安を感じ、67%が預貯金で貯蓄すると回答しています。そして、投資を真剣に考える人でも、NISA、iDeCoのような制度を深く考えるのは面倒であり、煩雑であると考えており、実行に移すのは容易ではありません。

「貯蓄から投資」のスローガンは好ましい行動様式を謳うだけで、「ナッジ」にはなっていません。米国では、政策的に「ナッジ」を活用し、一般個人の証券投資を実現させています。米国での一般個人の証券投資を実現させ、それを可能とした「ナッジ」はいわゆる401K「確定拠出年金制度」およびIRA「個人退職勘定」でした。

日本でも政府の促進のもと、確定拠出年金は一般企業も取り入れ、それ以外にも新規導入の個人年金制度・iDeCoが注目されています。

確定拠出年金制度では、すべて年金受益者が投資商品を選定します。加入企業は、対象の投資商品を品揃えします。従業員はそれらを自由に組み合わせ、運用結果は本人の責任です。

ここで「ナッジ」が大いに貢献します。企業が確定拠出年金を採用した場合、それに加入するか、拠出金額を前払いするかを選択できます。「ナッジ」は自動加入とすることにより前払い金を選択する比率を大幅に減らしています。リスク回避は人間の本質的な心理ですから、日本では元本確保型商品が大きな部分を占めます。当然ながら運用成果は低くなります。「ナッジ」により米国では長期的に運用効率の高い投資手法を自動的に組み入れます。

これにより年金加入者は、何もせずお仕着せの運用手法を採用します。

当然ながら本人次第でどのようにも変更は可能ですが、そのままに放置するのが大半を占めています。このように「ナッジ」を利用する手法は「デフォルト」と称されます。パソコンの初期設置のように利用を簡素化する手法です。

米国最大の年金口座管理会社フィデリティの調査では、401Kプログラム加盟者で15年間連続加入した男女の平均資産は、44万6000ドル(約6500万円相当)と巨額に及んでいます。

厚生労働省の見解は、「加入者自身が投信を選ぶよう投資教育するのが本質」のようです。自営業者などのｉＤｅＣｏや国民年金基金への加入率がわずか5%に留まっているのが現状です。「投資立国」を訴えても、実行を促すトップの人間が投資を知らなければ「ナッジ」を含め、本格的な投資奨励策は期待できないでしょう。

第三章
取り残された日本の金融・投資業界

日本の経済バブルが崩壊した1990年代の初期、日本の金融業は世界を席捲する勢いを見せていました。ところが、バブルの後遺症として抱えた不良債権は、百数十兆円に上り、小泉政権下、銀行の最終再編成が行われた後、三菱UFJ、三井住友、みずほの3メガ銀行が誕生し現在にいたっています。

バブル頂点の時代に日本の都市銀行は、13行あったのです。投資を理解するには、日本の金融界の凋落振りも理解するべきでしょう。

1 日本の銀行再編成後の惨状

ジャパン・アズ・ナンバー・ワンと騒がれた1989年末に、日本株式市場は史上最高値(当時)をつけましたが、ようやく今、その水準に回復したのに過ぎません。とりわけ日本の銀行の時価総額は、世界を席捲しました。当時の世界市場では、時価総額トップ10社のうち7社が日本企業でした。NTTが民営化され一躍世界のトップ企業に躍り出て、時価総額は1638億ドルのダントツ一位となったのです。

そして、上位10社のうち6社が日本の銀行で占められました。日本興業銀行(716

億ドル)、住友銀行(696億ドル)、富士銀行(670億ドル)、第一勧業銀行(660億ドル)及び三菱銀行(593億ドル)で、日本以外で上位10社の仲間入りしたのは、IBM(647億ドル)とエクソン社(549億ドル)、ロイヤル・ダッチ・シェル(545億ドル)のみでした。

2008年に生じたリーマンショックで、米国の金融業界は大きな痛手を被りましたが、現在は米国の銀行が世界を君臨しています。JPモルガン・チェース銀行の時価総額は6211億ドル、バンク・オブ・アメリカ(3085億ドル)、並びにシティバンク(1186億ドル)となり、それに対し大型合併を経た三菱UFJ(18・5兆円=1069億ドル)、三井住友(12・5兆円=669億ドル)、みずほ(7・6兆円=435億ドル)となり過去の栄光は微塵も見られません。

みずほフィナンシャルグループは、日本興業銀行、富士銀行と第一勧業銀行の合併で再編されましたので、当時3行の時価総額に比べて35年後の現在は、ほぼ3/4に縮小してしまいました。想像を絶する衰退です。この状況を理解している日本人は、ごく少数でしょう。

２　日米投資信託の比較

１９９８年に金融システム改革の一環として、それまでの証券会社専管から年末には登録金融機関全般に投資信託の取り扱いが解放されました。要は銀行を含め金融機関はいずれもが投信販売に従事できるようになり、投信販売の経路は飛躍的に拡大されたのです。

１９９８年を起点に日米投資信託の成長を比較しましょう。当時日本の投資信託資産残高は約42兆円で、当時の為替レートで換算約３６５０億ドルでした。それに対し米国の投信資産残高は４兆１７３５億ドルでした。

２０２３年第２四半期末では、それぞれ２３９・４兆円（１兆６５１０億ドル）と35兆６５６０億ドルでした。両国投信残高の成長率は似通《にかよ》っていますが、金額ベースでは日本の投信残高は米国の４・６％程度に留まり、途方もない格差に拡大しています。「貯蓄から投資」を奨励している日本政府の目論見《もくろみ》は、見事に空振りに終わっています。

3 機会を損なった日本の生命保険制度

戦後の高度成長期、一般サラリーマンの給与所得は年々上昇し、余剰資金の銀行預金も金利で利殖も可能でした。一般家庭における最大の懸念は、大黒柱を失うことでした。その結果、生命保険会社は女性就業の場を提供し、女性の活躍を推進することで、日本は世界一の生命保険大国となりました。

まさに海外では模倣できない成長産業を構築したのです。ところが、長寿高齢化社会に変遷した日本では、生命保険のリスクが死亡から延命に転換したにもかかわらず、残念ながら、生命保険業界は老後の資産確保と運用のノウハウを、死亡保険確保のように推進することが出来ませんでした。大きなチャンスを逸したと考えます。

１９９８年以降、生命保険会社も投信販売が自由化されたのに、その努力は銀行を中心とした他の金融機関に大きく遅行していました。金融制度的制約も一因ですが、資産確保と運用奨励よりも保険の税制優遇措置利用などを推進したのも、一因かもしれません。

④ 日米金融制度取り組みの隔たり

バブル崩壊以降、金融資産に対する取り組みは日米間で大きく乖離し、それは両国の膨大な格差に起因していると考えます。

日本

金融業者の個人営業に対する取り組みは、全く投資家本位ではなく自己利益の追求に専念してきました。銀行の預金金利がほぼゼロに低下したのは、デフレ環境下での金利低下と貸し出しの需要の減退に起因しています。民間企業は、自己資本の強化を図った後、銀行融資の依存度は低下してしまいました。

そして、リスクの高い中小企業や新興企業に対しては、貸し倒れ回避を恐れ、銀行が融資に躊躇しています。

1998年末以降、銀行は投信販売を収益活路として注力し、その努力は販売努力に傾注したのです。銀行の本来の業務は預金を集め、企業に貸し出しを行うことです。ところが、現在銀行の預貸率（預金に対する貸出比率）は60％程度まで低下しています。それに対し、投信販売手数料は極めて魅力的な業務です。銀行本来の個人業務は預金拡大です。預金額が大きくなればなるほど収益源を高めます。

ストック（預金）を如何に大きくするかのストックビジネスです。株式の売買や投信販売はフロービジネスで、回転を高めることで収益を確保します。

そのように、本来投資資産の拡大を図るよりも、販売の回転を高めることに重点を置いてきました。投資信託は、投資の専門家と組織が一般投資家から集めた資金をファンドとして、一括し運用・管理するビジネスです。

個人は知識を持たなくても証券投資をプロに任せ、長期的に金融資産運用の成果を求めます。投信運用委託会社は運用資産の規模に比例して収益が高まるストックビジネスですが、大半は大手金融機関の傘下にあるので、親会社に当たる銀行の販売に依存しています。

結果として、日本では個人投資家にとっては不適切なファンド商品販売が横行しているのみならず、フロー商売では成功しているファンドほど、利益確保の売却が可能ですので、成功しているファンド残高が大きくなりません。ファンド残高が増えず回転売買が横行していたので、運用効率も低いまま低迷してきました。

米国

大手ファンド会社フィデリティで、1977年、ピーター・リンチ氏が成長株投信マジェラン・ファンドのファンドマネージャーに就任し、1990年に46歳で引退する13年間で、運用資産は年率29％のリターンを実現し、ファンドの運用資産は当初わずか1800万ドルの規模から、140億ドルに増大しました。20世紀伝説のファンドマネージャーです。

米国での投信ブームを引き起こし、躍進に貢献した人物です。それまでは販売会社に依存していた投資信託も、フィデリティを筆頭に自己販売となり、手数料を排除する、いわゆるノーロードファンドが主流となっていきました。

しかし、何と言っても20世紀投信業界の巨匠は、バンガード社創設者のジョン・ボーグル氏でしょう。ボーグル氏の運用手法は、全く正反対の米国主要株式指数S＆P500種に連動する投信を開発し、現在においても指数連動ファンドは、世界で最も普及している投資手法となっています。２０２３年に主流となった世界ＥＴＦ（上場投信）の規模は、12兆ドルに達しました。

１９８０年代以降、米国の金融商品取り扱い姿勢が様変わりしました。それまで証券会社の営業マンはこぞって収益を高める投機や回転売買を行っていましたが、金融機関の経営戦略はストックビジネスに転換し、顧客の金融資産拡大を図る戦略を展開しはじめました。

ファンド販売手数料は、ノーロードファンド等ゼロ方向に集約し、預かり資産規模に応じた信託報酬体系が収益戦略となり、資産規模が大きくなればなるほど運用効率が高まり、信託報酬も恒常的に引き下げられてきました。ＥＴＦの開発により信託報酬は、飛躍的に引き下げられています。

例えば、バンガード社提供のＳ＆Ｐ５００種指数連動ＥＴＦの年間信託報酬は、０・03％まで引き下げられています。

5 運用資産規模の日米比較

金融資産は、運用規模が大きくなればなるほど、コスト単価は低くなり、規模の利益を最大限に享受できます。そういった規模の追求により日米間では、途方もなく格差が拡大してしまいました。

ファンド会社比較

投資ファンドの規模は急成長を遂げ、その中でもＥＴＦの躍進は目覚ましいです。米国３大資産運用会社もＥＴＦの成長が、中心となっています。世界最大のファンド運用会社は、ブラックロック社で２０２３年の運用資産額は10・1兆ドル、続いて第２位はバンガード社で８・６兆ドル、第４位はステートストリート社で４・１兆ドルとなり、ＥＴＦ運用資産順位も同じです。

第３位はフィデリティの４・９兆ドルとなっています。

それに対し、日本の資産運用会社のトップは三井住友トラスト・アセットマネジメントで直近の運用資産額は94兆円（5932億ドル）、第2位は野村アセットマネジメントの91・4兆円（5275億ドル）、3位はアセットマネジメントOneで86・9兆円（4450億ドル）です。要するに日本のトップの資産運用会社の預かり資産規模は米国比数パーセントに留まり、規模の差からも能力的にも同じ土俵で太刀打ちできることはあり得ない状況となっています。

6 家計金融資産の日米比較

内閣官房の資料に基づきますと、2022年末の家計金融資産は米国が、1京4517兆円（1米ドル＝131・12円換算）で日本の2115兆円の6・9倍ほどです。2000年との比較で米国は3・6倍増大し、日本は1・5倍となっています。

その間米国は運用リターンが1京403兆円寄与し、追加資金は2201兆円に留まります。それに対し、日本は運用リターンが289兆円と追加資金がほぼ同額でした。

人口比率での試算では、米国の2000年時点での一人当たり金融資産は、日本の1・

25倍程度であったのが、2022年には2・5倍の差に拡大してしまいました。為替レートの変動がありますが、おおよその算定でも20年間に如何に差を付けられたかが明瞭です。個人金融資産の増大も、米国は、運用リターンに依存し、両国の格差が拡大しています。これ以上取り残されない為には、資金の運用方法を是正することが喫緊の課題でしょう。

第2部

第四章
貯蓄の基礎知識とは

日本経済が主要国に取り残され、個人金融資産の増大が図れなかった諸要因を、説明するために随分書面を費やしてしまいました。

敢えてそれを強調したのは、投資に対する無作為の要因を理解し、危機意識を持たなければならないからです。いよいよ本題の貯蓄手法の説明を開始します。

必勝法は、常識のみを必要とし、難題は一切ありません。資産運用の極意等は存在せず、誰でも理解できる処方箋がベストであることを理解していただきます。

1 積み立て投資

積み立て投資は今流行となっていますが、十分には把握されていない投資手法です。一定金額を定期的に貯蓄し、長期間継続すれば、当然利殖が叶うだろうとの単純な見方が大方の理解です。

その通りですが、この貯蓄方法は、論理的に最も効率的な投資手法なのです。

皆さんもご存知の投資の大家として知られるウォーレン・バフェット氏の恩師で、証券分析法を開発したベンジャミン・グラハム氏が1949年に出版した『Intelligent

Investor』（賢明なる投資家）で、「ドルコスト平均法」として初めて紹介されました。

もし株式投資のリスクが高く、株価は、短期的にも長期的にも乱高下はするものという考えを持っていれば、これほど魅力的な投資手法はありません。

本来、株式投資の高いリスクを、安全なチャンスに転換できるのです。２００８年に世界金融危機が発生し、世界株式市場の大暴落と、その後、異次元量的金融緩和策のもと未曽有の株高が実現しました。

そして２０２０年には、これも１００年に一度と言われるコロナ禍《か》襲撃により、株式市場は急落し、現在は再び新高値を更新しています。熟練個人投資家の多くが、その都度タイミングを見計らって、うまく売ったり買ったりしたという談話を耳にします。反対に売買でうまくいかなかった投資家は、もう懲《こ》り懲《ご》りだと言っています。

うまくこなしたとしても、大半の投資家は、ドルコスト平均法を採用した投資家を凌《しの》ぐことは、出来なかったでしょう。

具体例を挙げましょう。リーマンショック後の大暴落を経過した２００８年から２０２２年末までのニューヨークダウ工業平均株価を辿り、実際の成果をその期間のドルコスト平均法で見てみます。

具体例と前提

為替の動向を排除するため、投資額を3か月毎に１０００ドル投資したとします。初期設定は、２００８年3月末のダウ工業株平均の1万２２６３ドルの1／１００を株数指数として開始します。初期投資取得株数（１０００ドルで取得する株数）は8・15となり、3か月毎に、等額投資から取得株数を算出します。そして、２００８年3月末から２０２２年末まで15年間の投資効果を算出します。

ダウ平均は、暴落後２００９年の第一四半期に安値を付けました。

◉積立投資の具体例

初期設定	ダウ平均	株数	3カ月後	ダウ平均	株数	6カ月後	ダウ平均	株数	12カ月後	ダウ平均	株数
2008/03/31	12,263	8.15	6/30	11,350	8.81	9/30	10,851	9.15	12/31	8,776	11.5
2009/03/31	7,609	13.14	6/30	8,447	11.84	9/30	9,712	10.3	12/31	10,428	9.59
2010/03/31	10,857	9.21	6/30	9,774	10.23	9/30	10,788	9.27	12/31	11,578	8.63
2011/03/31	12,319	8.12	6/30	12,414	8.06	9/30	10,917	9.16	12/31	12,218	8.19
2012/03/31	13,212	7.57	6/30	12,880	7.76	9/30	13,437	7.44	12/31	13,104	7.63
2013/03/31	14,578	6.86	6/30	15,138	6.61	9/30	14,810	6.75	12/31	16,577	6.03
2014/03/31	16,458	6.08	6/30	16,829	5.94	9/30	17,040	5.87	12/31	17,988	5.56
2015/03/31	17,779	5.62	6/30	17,638	5.67	9/30	16,279	6.14	12/31	17,591	5.68
2016/03/31	17,662	5.66	6/30	17,924	5.56	9/30	18,181	5.5	12/31	19,833	5.04
2017/03/31	20,663	4.84	6/30	21,349	4.68	9/30	22,358	4.47	12/31	24,850	4.02
2018/03/31	23,949	4.18	6/30	24,324	4.11	9/30	26,598	3.76	12/31	23,154	4.32
2019/03/31	26,075	3.84	6/30	26,806	3.73	9/30	26,963	3.71	12/31	28,415	3.52
2020/03/31	21,227	4.71	6/30	25,879	3.86	9/30	27,940	3.58	12/31	30,418	3.29
2021/03/31	33,055	3.03	6/30	34,507	2.9	9/30	34,468	2.9	12/31	36,386	2.75
2022/03/31	34,741	2.89	6/30	30,738	3.25	9/30	29,199	3.42	12/31	33,121	3.02

Ａさんはサラリーマンで、３か月毎に１０００ドルの同額をダウ平均株価に投資することを決め、15年間それを継続したのです。

それを辿ったのが右の表です。分数を分かり易くしたので、取得株数は、１／１００としました。３か月毎の積み立てでＡさんの15年間の投資総額は6万ドルとなります。この表に基づくとＡさんは２０２２年末で３６７・10株を取得したことになります。ですが実数は１／１００ですので、株数は３・６７１となります。

その結果Ａさんの15年間の投資評価額は12万１５８７・19ドルとなりました。Ａさんは15年間３か月ごとに１０００ドルずつを投資したので、Ａさんの総出資額は３万ドルとなります。

その３万ドルの投資が15年間で４・05倍強の評価額を実現したのです。

それに対し、ベテランの投資家Ｂさんは、資金の余裕もあり、２００８年3月末に３万ドルをニューヨークダウ平均に投資したとしましょう。

当日のダウ平均株価は１万２２６３ドルでした。15年後のダウ平均株価は、３万３１２１ドルで引けましたので、Ｂさんの投資評価額は2・7倍となりました。

Ｂさんはその成果に鼻高々ですが、投資効率では地道に積み立て投資を行ったＡ

さんの投資成果が遥かに勝っています。積み立て投資のマジックを立証した成果です。

2 株式の保有期間リスク

日本はバブル崩壊後35年経った今年に日経平均株価の最高値を更新しましたが、これは例外中の例外であり、世界歴史に残る異常事態でした。一部は、株価指数のあやであり、配当分配や株式分割を算定すれば、実質的には日本の株価も史上最高値を既に更新してきました。

株価統計が、充実している米国のS&P500種指数の55年間(1960年~2016年)の統計で、上昇・下落の確率が以下の表の通りとなっています。

◉S&P500種指数の期間騰落率

1日当たりの株価上昇／下落確率	55%／45%
1カ月間の株価上昇／下落確率	61%／39%
1年間の株価上昇／下落確率	73%／27%
5年間の株価上昇／下落確率	82%／18%
10年間の株価上昇／下落確率	92%／8%
15年間の株価上昇／下落確率	100%／0%

平均的に米国株を15年間持ち続けると、株価が下がる確率はゼロという統計が立証しています。長期的には株式投資は、高い利回りを確保する最も効率的な投資手法であることが、立証されています。２００８年に生じたリーマンショック後米国株価が暴落しました。

また、２０２０年に生じたコロナ禍でも株価は暴落を経験しています。上記にも指摘しました通り、ベテラン株式投資家の多くは、その都度株を売ったり買い戻したりしていますが、思った通り成功したかは極めて疑問です。

それよりも、タイミング等を考えずに、市場統計に忠実に行動してきた方が成功の確率は遥かに高かったでしょう。

勿論、株式市場では、成功するかは、その時代の背景に大きな影響を受けます。株式投資は常に順風満帆とはいかず、中長期に亘り紆余曲折を経ることも往々にして散見されます。

戦後のニューヨークダウ平均を観察しますと、低迷期は１９７０年代に出現しました。この時代は、ベトナム戦争の後遺症、ブレトン・ウッズ世界金融体制の崩壊、石油ショック等の要因によりスタグフレーションがはびこった10数年でした。

その間ダウ平均は６００～１０００ドルを往来し、１９７９年にボルカー米ＦＲＢ議長が就任し、本格的なインフレ退治が進行する１９８０年代半ばまで往来相場が継続しました。

それを尻目にバブルの頂点に達したのが日経平均株価でした。１９７０年まで日経平均は、２０００円程度の水準に留まっていました。紆余曲折を経ましたが、現在ニューヨークダウ平均と日経平均は共に４万台近辺となり市場最高値圏を更新するにいたっています。


１９８９年にベルリンの壁が崩壊した以降の時代は旧共産圏を含めて、世界経済は自由資本主義体制に移行し、世界は未曽有の成長を謳歌してきました。

残念ながら日本は失われた時代が、30年間続きましたが、世界は資本・金融市場もボーダーレスとなり、日本からは個人であっても世界のどこにでも自由に投資が出来ます。

それにより、日本の投資市場が魅力に欠け、不都合が生じることは一切ありません。制約がなくなった金融市場では、世界が土俵であるという認識が不可欠です。

3 株式投資は世界が土俵

日本の投資家は、当然と言えるかもしれませんが、日本を中心に投資を行っています。それでも日本国債は利子が微少ですので、個人の債券投資は利回りの高い外債投資が主流となっています。

当然ながら、日本人にとって日本の企業は馴染みもあり知識も有するのに対し、外国企業を肌で感じることは、より困難でしょう。しかし、株式投資は国際分散投資が今や常識となっているので、海外投資は主流の投資手法となっています。但し、課題は国際分散投資の配分なのです。

米国証券業・金融市場協会（SIFMA）の統計に基づきますと、2023年第3四半期末の世界株式市場時価総額は106・0兆ドルに達しました。時価総額別で比較しますと米国＝42・9％、EU＝11・2％、中国＝10・4％、新興国＝8・7％、日本＝5・4％、香港＝3・9％、英国＝3・2％という内容でした。

中立的に時価総額比例の投資を行い、見方を変えるのであれば、宇宙人が地球の株式に投資するとして、株式投資総額の5・4％を日本株に割り当てるのが最も妥当な配分となります。

米国は世界の最たる資本主義国家です。その株式市場の時価総額は、恒常的に上昇しています。米国の過去10年平均的な時価総額比率は38・9％であるのに対し、現在は更に3％の拡大を実現しています。実際の投資配分は諸々の要因を考慮に入れる必要があるでしょう。

各国の経済規模や成長率、政治リスク、為替、地政学要因、資本市場体制等、多くの要因を検討し、実際の投資配分を行うのが適切です。しかし、出発点は各市場の時価総額規模とすべきでしょう。日本人である以上、日本株投資の比率を高めるのは当然であると考えますが、その比率は5・4％でなくてもいいですが、50％という訳にはいきません。

日本の公的年金を運用する機構「年金積み立て金管理運用独立行政法人」（GPIF）は国民年金の管理に携わり、その規模は(注)246兆円相当となり、世界最大の年金運用機関です。

何故GPIFを取り上げるかは、2013年、それまでは日本国債の運用を主流と

（注）2024年3月末現在

していたのに対し、抜本的改革を行い国際分散投資に大きく舵を切ったからです。その修正により、資金運用の基準は日本債券25%、外債25%、日本株25%、そして外国株25%と設定しました。

4・4%であった過去20年間の運用利回りは、過去10年間で5・7%へと大きく改善しています。保守的な国家機関でありながら、民間年金基金の実績を大きく上回る成果を実現しています。

現在日本でも、企業型及び個人の確定拠出年金制度(ｉＤｅＣｏ)が普及し、個人の運用実績が試されていることが現状です。

残念ながら、確定拠出年金の運用手法の40%強が利潤を生まない元本保証型運用に回されています。このような状況ではいつまで経っても充実した年金基金を積み立てることは出来ません。

4 敗者のゲーム

投資を考えるに当たって最も肝要なことは、無理や背伸びをしないことです。米国でスポーツ愛好家に読まれ、超ベストセラーとなった指南書があります。その著者は米国のICBM（大陸間弾道ミサイル）開発に携わったロケット物理学者で、大手軍需企業TRWの創業経営者サイモン・レイモ氏で、一般テニスプレーヤーを対象に出版した著書『負けないテニス』です。

その本の命題は〝Loser's Game〟（敗者のゲーム）でした。プロや上級アマチュアのテニスはWinner's Game（勝者のゲーム）として、選手は優れたプレーで相手を負かすことで勝負が決まります。ところが、一般テニスプレーヤーは、鋭い決め球で勝負に挑むより、相手のミスによって勝負の采配が決定することを、レイモ氏は統計的かつ論理的に解説しました。サービスエースを決めれば爽快ですが、成功する確率は低く、統計的に勝負の采配は80％凡ミスで決まることを指摘。従って、勝負は勝ちポイントで決まるのではなく、負けポイントをいかに少なくするかということが重要です。

著名投資家チャールズ・エリス氏はレイモ氏の著書からヒントを得て、投資にも同様の手法を適用した論説『敗者のゲーム』を1975年に発表しました。

結論として、投資の世界ではテニスの様に「勝者のゲーム」は存在せず、「敗者のゲーム」が唯一の必勝法だと結論付けました。

5 効率ポートフォリオ理論

チャールズ・エリス氏はゲーム理論を投資の世界で実証を試みました。投資で他者より優位に位置付けるには「敗者のゲーム」しかないことが、彼が検証した公開ファンド分析によって導きだされた結論です。投資とは一本釣りで個別株に投資して、他の投資家よりも儲かったと比較することではありません。財産としての金融資産を効率的に貯蓄することが投資の定義です。貯蓄に回す個人の金融資産は一般的にポートフォリオと称されます。

ポートフォリオ理論を研究してきた多数の経済学者がノーベル経済学賞を受賞しています。受賞内容は主として、計量的に市場の投資効率を高める手法を開発したものです。その最も基本的な例を挙げましょう。

チンパンジーとプロの投資家とを対戦させましょう。上場銘柄表を提示し、5年間の期間を前提にいずれもが自由に銘柄を組み合わせたポートフォリオを構築し、5年後の成果を求めます。

チンパンジーは当然のことながら全く何も分からずに、ただ任意に銘柄を指で示すだけです。投資のプロは5年間最大限の投資成果を求めるポートフォリオを組成します。どちらのポートフォリオ成果が優位でしょうか。当然ながら投資のプロと思うでしょう。ところが効率ポートフォリオ理論上では、結論は全く同じか、チンパンジーの方が優位とされます。

そんなことはあり得ないと思うかもしれません。しかし「効率市場理論」の基本的な考えは「市場価格は、あらゆる情報の結集で、すべての情報を織り込んだ数値」なのです。

毎年年初の日経アンケートで、専門家によるその年の日経225種平均予測が行われます。実際にも確率的にも、一年間予測は概ね外れています。2023年も例外ではなく、識者の相場予測は大きく外れてしまいました。

当然ながら、年初の世界や自国経済情勢等の予測は、その時点でのコンセンサスに過ぎず、実現する展開が大きく乖離するのは不可思議でありません。

エリス氏の「敗者のゲーム」は彼が検証した公開ファンド分析による最終結論です。彼の検証は「効率市場理論」の正当性を実証した成果です。

ファンドマネージャーの長期的運用パフォーマンスは、S&P500種株価指数等の主要指数比較で、常に下回っています。たとえ運用成績そのものが、対象となる指数と同等か上回ったとしても、ファンド会社の運用には多額の諸経費を必要とします。当然ながら、諸経費換算後の運用成績は低下してしまいます。優れたファンドマネージャーは、投資の非効率性を分析し、目標となるベンチマークを上回る運用成績を目指します。

エリス氏の検証によると、優秀なファンドマネージャーは、数年間継続して優秀な成績を残せても、10年単位で優位を実践できるのは極少であることを指摘しました。

6 ピーター・リンチ対ジョン・ボーグル

20世紀伝説のファンドマネージャーのピーター・リンチ氏については既に述べました。1977年にフィデリティのマジェラン・ファンドのファンドマネージャーに就任し、1990年に46歳で引退するまでマジェラン・ファンドの規模は1800万ドルから140億ドルに飛躍的な増大を図りました。

マジェラン・ファンドは多数のファンドマネージャーの交代を経ながら、現在なおフィデリティの基幹成長株ファンドとして健在です。ピーター・リンチ氏以降のファンドマネージャー、その資産規模は1990年代に500億ドルまで増加し、その後紆余曲折を経て、2023年末には290億ドル（現為替レートで3・6兆円）規模となっています。

ファンドマネージャー、ジョン・ボーグル氏は、1975年にバンガード社を創設し、ノーベル経済学賞受賞者のポール・サミュエルソン教授が発表したインデックス運用の優位性論文に感化を受け、1976年にファースト・インデックス・インベストメント・トラスト（S&P500種指数ファンドの前身）を発足しました。

当時インデックス運用に対する認知はなく、募集金額は僅か1000万ドル強に留まり、指数銘柄の購入もままならず、生みの苦労に終始しました。バンガード社は、その他にマネーマーケットファンドを14億ドル運用していたので、何とか発足が可能となったのです。

また当時は企業確定拠出ファンド401Kが導入され、一部インデックスファンドとして補足されました。目標はチャールズ・エリス氏の運用手法を模倣し、管理手数料を安価に留めることを優先すること。その目標は現在にも、いたっています。

ボーグル氏はピーター・リンチ氏が手掛けたファンドとは全く正反対の戦略を追求しました。バンガード社のＳ＆Ｐ５００種指数ＥＴＦの資産規模は現在１兆ドルを突破し、世界最大のファンドとなっています。管理手数料は僅か0・03％となっています。

20世紀における世界投資信託の巨匠は、間違いなくジョン・ボーグル氏でしょう。上場ファンドとして世界ＥＴＦの運用資産残高は12兆ドルに達しています。そして１９７５年に論文「敗者のゲーム」を発表したチャールズ・エリス氏とバンガード社の創設者ジョン・ボーグル氏は、誰でもできる最も効率的投資手法を開発した英雄です。

7 複利のマジック

株式投資を行う場合、投資家の長期目的は値上がり益、すなわちキャピタルゲインと配当利回りです。

高配当利回りを求める個人投資家は、配当支払いが行われると、往々にして配当金を使ってしまいます。

貯蓄目的の場合、配当金は全額再投資されるべきでしょう。そして同一投資を実施した場合、複利計算と20％源泉徴収による投資結果を比べると、歴然とした相違が生じます。


ＡさんとＢさんは、それぞれＺ株に投資し、10年後に売却して結果を比較しました。株価１００円のＺ株は年率５円の配当が支払われたとします。

Ａさんは税制優遇のＮＩＳＡを利用して結果を出し、Ｂさんは20％の源泉徴収税を支払った結果を出します。

もし株価が年率７％上昇すると仮定すれば、Ａさんの場合は、10年後に株価は１９７円となり、その間10年間毎年50円の配当を受け、１００円の投資は売却した時点で２４７円に増大します。

もし配当金も再投資すれば、それに対し更に複利効果を享受できます。

Ｂさんは毎年の５円配当に20％の税が課せられるので、10年後株の売却益は税引後１５７円、それプラス配当金40円となりますから１９８円を実現します。このように、税制優遇措置が取られ、投資を再投資すれば複利計算では成果は大きく異なることになります。もし、年率7％の利回りが得られたら、10年間でほぼ倍額になります。

年金で平均20年間の投資期間を考えると、結果として投資額の3・87倍の成果が得られます。

年率5％の利回りですと、10年間で1・63倍、20年間で2・65倍となり、年率3％利回りでも20年間で1・81倍になります。複利効果は歴然です。基本的に年金やＮＩＳＡは税制優遇により長期貯蓄の効果を最大限に高める目的があります。可能な限り利用しなければ、大きな機会損失を被ります。

8 機会損益とは

貯蓄は安全性を重視するのが賢明と考えるのが一般的です。既に述べましたが、確定拠出年金等で元本保証型投資手段が、今なお重視されています。

同様に銀行預金や優良債券は利殖がなくても、元本が保証されているから安全だと思いがちになります。果たしてそうでしょうか。

日本経済は、バブル崩壊により多大な損失を被りました。時間の経過とともに記憶も薄れてきていますが、30年前には日本の都市銀行は13行存在していました。それが現在は3行のみが存続しています。換言すれば日本の大手銀行は基本的にほぼ破産状態に陥り、政府主導と救済により再編成されたのです。預金保険機構によって銀行預金は基本的に1000万円までは保証されているので、安泰と思われています。

私が勤務していた外資系金融機関で、1990年代の初期、本社から監査チームが訪日。監査の結果、日本のある大手金融機関に対する債権規模が大きすぎるからと即刻、是正措置を命じられました。

日本人社員は、何も知らない米国の監査チームがとんでもないことを強要しているとバカにした記憶が残っています。

負債もそうですが、貯蓄では常に選択肢を考え、どの貯蓄手段が最適であるか常に念頭に置かなければなりません。安全だから良いのだと言い切れる投資手法はほぼ存在しません。それを天秤にかけるのが機会損益の考察です。

一見安全な債券投資も決して安全ではありません。

コロナ禍後の世界は、インフレ環境に転じ、それに応じて金利も急騰しています。リスクの理解では、金利が上昇すればそれに応じて債券価格は下落します。

日本は例外ですが、米国を中心に２０２２年は株式市場と同等に債券市場も暴落しました。決して債券は安全ではありません。元本の保全以外に金利リスクが伴うのです。日本もゼロ金利から上昇に転じる兆《きざ》しが表れています。それを予見して、日本企業による債券発行気運が高まっています。

確かに、以前に比べれば金利は高まり、銀行預金等と比較すれば魅力的な利回りとなり、個人投資家を対象に人気が高まっています。

しかし、それに飛びつくのはいかがなものかと考えるべきでしょう。

⑨ 禍となる投資家心理

米国の調査会社ダルバー社（Dalbar,Inc）はほぼ半世紀に亘り、個人投資家動向調査を行ってきました。２００１年～２０２０年の20年間で米S＆P５００種指数はその間年率７・５％のリターンを実現し、それに対し個人株式投資家の年率リターンは２・９％に留まり、同期間のインフレ率２・０％を若干上回る程度になっています。個人投資家の投資成果を阻む最大の要因は投資家心理であることを指摘しています。

◉損失に対する忌避

損失に対する恐怖は「パニックセリング」を喚起し、タイミングとしても安値近辺で売ってしまう心理。

◉細かいことに注視

個々の銘柄動向が気になり、運用資産全体をどうすべきか見失う心理。

◉過去へのこだわり

過去の経験や実績が尾を引く。これは最も避けるべき心理。これからの投資の成果は将来のみ。典型的な心理は大損した投資の塩漬け。

◉頭の計算

個々の銘柄動向を注視し、全体像を見失う。

◉群衆心理

市場の過熱や冷却は群集心理が決定づけ、過熱現象が生じると、投資家はほぼ強気となり、冷却した時点では市場から逃避する。

◉後悔に暮れる

過去の失敗から立ち直れず、正しい投資判断が出来なくなる。

◉報道に対する反応

メディアは市場の鏡。報道は群集と表裏一体。

◉過剰な楽観

本質的に株式投資は楽観を前提とし、過度に強気になる。

ダルバー社の調査では、投資経験のある個人株式投資家を対象とし、余裕資産の大半を、投資に回していることが判明しています。

２０２０年までの20年間で、米国株式市場はＩＴバブル、リーマンショック、コロナ禍と３度の下げ相場を経ています。

投下以外に資金余裕のない投資家は、下げ相場でもナンピン買い（保有株価が下がった時、さらに買い増しをして平均単価を下げること）もできず、更に売却を余儀なくされる状況が見られています。それは、余裕資金の欠如も個人投資家の低いパフォーマンスの一要因となっているようです。

これに対し、ファンド調査機関のモーニングスターの集計に基づきますと、2022年末までの10年間、米国ファンド投資家の平均年率リターン6・04％に対し、ファンド平均のリターンは7・71％で、個人ファンド投資パフォーマンスは、ダルバー社の調査比較のような大きな差は見られません。

以上は、個人のファンド投資家は、貯蓄目的が大半であることが要因であると推測されます。それは、株式投資家に比べてファンド投資家の投資心理の影響が軽度に留まっている査証のようです。

第五章
ウォーレン・バフェットの投資哲学

1 オマハへの巡礼

米国のほぼど真ん中に位置する、中西部の地方都市、ネブラスカ州オマハ市には年に一度4万人程の大群が押し寄せます。バークシャー・ハサウェイ社の株主総会で、米国を中心に世界55か国から投資家が一堂に集合するイベントです。

年間行事として、米経済界で最も尊敬される実業家・投資家ウォーレン・バフェット氏の卓説は投資家の注目の的です。

2023年の世界株式市場で最も活躍したマイクロソフトを筆頭に、アップル、グーグル、アマゾンを含むマグニフィセント7と称する米国主要IT企業は、注目の的となっています。それに対し、1956年にバフェット氏とチャーリー・マンガー氏の2人でパートナーシップを組み、買収した斜陽繊維企業はバークシャー・ハサウェイを社名とした当時、零細投資企業でしたが、その後、現在の時価総額約1兆ドルとなり、世界第8位の上場企業となっています。

生涯現役副会長であったマンガー氏は、昨年の暮れに100歳を目前にした99歳で亡くなりました。現在94歳のバフェット氏がCEOとして君臨しています。当初から株式を公開し、当時1ドルの株価は現在9万倍の価値となっています。

バフェット氏はオマハの賢人と称され、故マンガー氏、2人の老人のご高説を賜る為のオマハ詣でが恒例の行事となりました。

世界には巨万の富を築いた事業家や投資家は山程います。それでも2人が真に崇められるのは、信念に基づき投資と経営の本義を全うしているからでしょう。2人ともバークシャー・ハサウェイからの年間報酬は、僅か1000ドルに据え置かれています。米国の資本主義と株式市場を信じ、両氏の投資哲学は単純明快で、お金を貯める人は全員肝に銘じるべき原点でしょう。

バフェット氏が指摘する投資対象資産は、次の3つに分類されます。

銀行預金や確定利付き証券

最も安全と思われるが、インフレや戦争により、貨幣価値と共に棄損されてきたのが歴然とした事実。安全どころか、安全と思われる故に最も危険な投資対象と見るべし。

金、美術品や投資対象商品等

いずれも生産を生まない資産分類。これらは投資家が購入した価格が、より高い値段で他の投資家が購入することのみを期待するもので、何ら生産価値を提供するものではない（投資対象とは別かもしれませんが、バフェット氏は美術品のコレクターとしても認知されています）。

株式や不動産

生産性を有する事業、農業や不動産で、現金や賃金を創出し、経済ニーズを満たす資産。

2 投資は単純明快、そして優雅であれ

1934年発行の『証券分析』(Security Analysis)の共著者ベンジャミン・グラハム教授は、証券分析の生みの親としてバリュー投資の基本を論じ、バフェット氏は当時、愛弟子の学生でした。

社会人となったバフェット氏は株式投資にのめりこみました。

彼は「投資に関する書物を手当たり次第読み漁《あさ》り、罫線や指数分析等の株価予測を実施。証券会社の店頭で株価の掲示板を睨み、多くの専門家の投資論説にも聞き入れ」た。

ところが自身が充分に納得できない時点で、恩師グラハム教授の新書『賢明なる投資家』を読み、「投資人生が一変した」と2014年の株主レターで述べています。

専門家の多くが分析に用いる数式やギリシャ文字の方程式等を一切使わず、平易且

つ優雅に投資理論を解説した書物です。

バフェットと故マンガー両氏の投資理念は一貫しています。投資を希望する優良企業を徹底的に分析し、内在価値を見極め、株価が一時的に下落した時点で大株主になることを目指すのです。

初期投資に成功すれば、以降は株価が割安と判断する毎に買い増しを実施し、終局的には支配株主となり、傘下経営会社として成長させることです。

60年間の投資及び事業活動の結果としての集大成は、50社に至る経営傘下企業で、保険、鉄道、公役、エネルギー、消費財、サービス業等、多岐の分野にわたっています。また純投資目的の企業には多くの米国代表銘柄が含まれ、長期に亘り保有を続けています。

最も多額を投資しているのはアップルで、その他代表例としてアマゾン、アメックス、シティバンク、コカ・コーラ、ジョンソンエンドジョンソン、シェブロン、プロクター&ギャンブル等、50数銘柄の大株主となっています。

数年前の株主宛て投資レターで、バフェット氏は次のように伝えています。

「自分のお金をどう使うかは有言実行している。私の投資アドバイスは、私の遺書の内容と同じ。なぜなら50年間保有し続けた自社株は私の死後、全株を複数の福祉団体に10年がかりで寄付する。そして、妻への信託管理者への指示はいとも単純。総額の10％は流動資金として短期国債で、残りの90％は、運用コストの最も低いS＆P500種指数連動ファンドに投資せよ。この遺言により長期運用成果は大半の投資家を凌ぐことになるだろう」

当然ながら投資家の諮問としては、「どうしてバークシャー・ハサウェイの株を推奨しないのか」でした。それに対しバフェット氏は「自分の死後5年間ほどは自分の経営哲学が踏襲されるであろうが、それ以降は確約できなくなり、どうなるか分からない」との返答でした。

ブレのない投資理念で、長期投資を全うする投資の専門家の存在に対する疑問です。投資家の資産を預かったり、推奨したりする投資運用会社のファンドマネージャー全員は所詮サラリーマンです。要するに、全くブレなく長期投資を全うできる専門家の存在を完全に疑問視しています。今や投資は、金融工学やあらゆる運用技術を駆使して成功を求めることが期待され、世界中の専門家の見解や、消化不可能な投資情報が氾濫しています。

投資分野で数多くのエコノミストがノーベル経済学賞を受賞しています。その中で最も先進技術を駆使した2人が率いたLTCMという投資ファンドは、1998年に崩壊し、結果として金融危機を回避するため、米国政府が救済した有様でした。

要約すれば、バフェット、マンガー両氏の投資哲学は極めてシンプルで明快です。

◉事業内容と企業体質が分かり易く理解できる
◉長期展望が期待できる有望企業
◉真に信頼できる経営体制
◉妥当な価格で投資

そして、何よりもこの2人の神髄となる哲学は、米国資本主義経済に対して揺るぎない信念と長期株式投資への信奉でしょう。

3 日本株式市場の火付け役

バフェット氏は、当然のことながら海外株式市場にも目を向け、一時期は中国株を購入した経験も持ち、現在なお中国の電気自動車会社ＢＹＤ株を保有。長らく日本株にも関心を示してきました。

東日本大震災後にも訪日し視察にきましたが、具体的な投資にはいたりませんでした。ところが、コロナ禍後の訪日で、日本の商社株のユニークな業務形態に着目し、正に長期投資としての投資特性を備え、株価もファンダメンタルズに基づき割安に放置されていると判断し、５大商社株の投資に着手しました。

初期投資後は、波乱含みで、米国の株式市場での投資機会に注視し、日本株買いは一過性の投資かと思われていたのが、昨年の4月に訪日した時点で5大商社株各社の株式を10％程度まで買い上げる意向を公表したのです。

２０２２年の欧米は、本格的なインフレ基調に転じ、金利も未曽有の上昇の進行中、日本の金融政策だけは世界で唯一マイナス金利を継続し、尚且つ株式市場は低迷し、バフェット氏は絶好の買い場と判断したのです。

その当時、東京証券取引所は、割安に放置されている株式市場を活性化する目的で、株式自己資本比率（PBR）1倍を割っている上場企業に改善措置を勧告しました。

PBRが1倍を下回るということは、会社を清算する実態価値の方が、株価総額を上回ることを意味します。

要するに株価が会社を清算する値段より安いことです。勧告を受けた上場企業の多くは是正措置を発表しました。最も手っ取り早い手法は増配と自社株買いで、バフェット氏が火付け役となって以降、日本株式市場は急上昇を遂げています。

2024年の年初来日経平均株価は34年振りの新高値を更新するにいたっています。2023年の4月以降の5大商社の平均株価は40％程度上昇し、配当利回りは現在尚3％程度、株価自己資本比率は、上昇後でも1・3倍ほどで、現在においても割高感はないと見られます。

昨年は円安が急速に進行したので、ドルベース投資はさらに割安になると同時に低金利の円はヘッジコストも安く、円建て社債も発行し、為替対応措置も講じられています。

日本の投資家は、バフェット効果を最大限に利用し、海外投資家も日本に対し久々に注目を高めています。

米国株は既に史上最高値を更新し、更なる上昇に対しては警戒感が高まっており、ヨーロッパも米国同様にインフレ対策の高金利を余儀なくされる中、景気は停滞基調に転じています。

それに対し、日本経済の成長率は低いながらも持続力を保ち、現在に於いても世界で唯一低金利政策を堅持している国です。

そして、日本は政府及び東京証券取引所奨励のコーポレートガバナンス体制強化のもと、見直しがなされています。

昨年の上場企業は、過去最大数の40％が増配を実施し、配当総額は6％増の過去最高の14兆円となりました。そして、株価対策として自社株買いも過去最大の9・4兆円となっています。

日本株式市場が長期的上昇トレンドに入るかどうかの見通しは立たなくとも、基調の変化が見られています。

4 投資対象としてのバークシャー・ハサウェイ株

ウォーレン・バフェット氏とバークシャー・ハサウェイ社の成功物語を述べてきました。当然ながら投資家はバークシャー・ハサウェイ株を投資対象と考えるでしょう。

2023年の年次報告書には当社株価推移の実績を掲載しています。

1965年から2022年までの57年間で、バークシャー・ハサウェイの株価は年率19・8％の上昇を遂げました。その間、米国主要企業のS&P500種指数は配当込で年率9・9％の上昇を実現しています。

各年の上昇率で見ると、S&P500種指数のちょうど2倍の率となります。

ところが、複利計算で換算しますと、その間当社株は378万7464％に増大し、S&P500種指数の2万4798％と対比され、途方もなく驚異的な額となっています。

バフェット、マンガー両氏の哲学に基づき、長期に亘り優良企業を買収し続け、経営権取得目的の企業は焦らず時間をかけて100％取得し、傘下企業としての経営権を行使しています。

一方、米国の大手主要企業に対しては、現在は日本の商社株を含め、ほぼ筆頭株主として、投資運用対象のポートフォリオ企業となっています。

それら総計で100社近くを運営するユニークなコングロマリット企業です。投資運用対象としている企業は、アップルを筆頭に米国有数の企業群です。

傘下で経営権を実行している企業群も多岐にわたっています。

株式市場で最も注目を浴びている先端的ハイテク企業類は一切含まれず、事業内容が分かり易く、長期的に経営能力を発揮できる企業群に絞られています。本来的に堅実M＆Aで成長を目指す母体ですから、初期時代に注目したのは潤沢なキャッシュフローを創出する損保保険業界でした。

中核会社GEICOを中心に保険会社数社が重要な一角を成しています。その他の経営主要企業群はエネルギー産業、粗材や部品を中心とした製造業、消費財、小売り、サービス、運輸、公共企業等極めて多岐に跨っています。

傘下経営企業は、一貫して、バフェット、マンガー両氏が、彼らの投資哲学に基づき着目した企業群で、時間を掛けて傘下企業に組み入れてきました。大企業から中小企業まで多種多様です。

例えば、事業規模が小さい日本でも、馴染みのあるサンフランシスコで有名なSee'sCandiesも長期に保有している傘下企業です。

２０２２年のバークシャー・ハサウェイの売上高は３０２１億ドル（約44兆円）で、税引き後利益は２２８億ドル（３兆３１００億円）の欠損でした。

２０２２年は米国株式市場が暴落した年で、投資運用している50数社全ての株価の時価評価損益が計上される為、多額の欠損となっています。

それに反し、２０２１年の税引き後利益は８９８億ドル（13兆２１０億円）で、評価額収益を計上しています。

直近の２０２３年の決算は、波乱含みの経済及び市場環境で、当社の決算は本領を発揮しました。事業営業利益は、21％増の３７３・５億ドルとなり、投資運用資産の評価益は５８９億ドルを計上し、２０２２年の評価損失５３６億ドルと対比されます。

バフェット、マンガー両氏の思想に基づき、バークシャー・ハサウェイ社は、

１９６７年以降、無配会社として投資家から不思議がられてきました。

会社の資金は極めて潤沢で、投資家からは当然配当金の期待がありながら、無配を堅持する論理的な理由があります。

まず第一に、米国個人投資家は税制的に配当が基本的に所得税の対象となるのに対し、売却時の株の値上がり益は税制優遇のキャピタルゲイン税対象となります。税制面の計算では投資家にとって無配の方が有利です。

蓄積する潤沢な資金は、分配するよりも企業買収または投資対象として、株主に還元するのが基本政策です。２０２２年の株式市場の下げ相場で、注目銘柄の魅力的な買いチャンスが到来し、エネルギー関連企業のＰＴＣに対し82億ドル、保険会社のALLEGHENY Corp.に対し１１５億ドルの追加投資により共に、傘下１００％子会社としました。

資金の活用は自社株買いにも利用されますが、株価の基本価値の算出に基づき厳格に実施されます。自社株が割安に推移した２０２２年の自社株買いは、２７０億ドルであったのが、株価が回復した２０２３年には、92億ドルに縮小しています。

要は手持ち資金を長期的観点から如何に有効に投下し、長期的に企業と株主価値を最大化することを目標としています。

投資家が、バークシャー・ハサウェイ株を投資対象とするには、特異の評価基準を要します。一方で、数多くの優良企業群を経営し、他方は投資運用対象としているポートフォリオ企業に対する総合的理解を必要とします。

過去の歴史を基準とすればバークシャー・ハサウェイ株に対する投資は、いずれの企業群並びに優良投資信託等を明らかに凌ぐ結果を出しています。

投資家は、銘柄投資を実施する場合は企業収益構造と優位性を、また投資信託を探求する場合は、そのファンドの過去の実績とファンドマネージャーの評価が決定要因です。

そこでもっとも問題視されてきたのが、バフェット、マンガー両氏の年齢で、この二人が欠けた後です。

事実、マンガー氏は2023年、100歳を目前に死去し、バフェット氏が単独に経営権を擁しています。対応策としてバフェット氏は、優秀な後継者を選定し、投資家の後継体制に対する懸念は概ね払拭されているようです。

会社の企業理念及び文化継承を保持する目的で、バフェット氏は子息のハワード・

バフェット氏に取締役会長の座を譲ります。ハワード・バフェット氏は経営者ではありません。しかし、バークシャー・ハサウェイの伝統と文化の最大の理解者として選定されました。

２０１８年に後継者候補としてグレッグ・エーベルとアジット・ジャイン両氏を副会長職に昇格し、バフェット氏の補佐役の任務を担っています。バフェット氏亡きあとは、エーベル氏がＣＥＯ後継者となり、インド生まれのジャイン氏が保険業務を担当します。そして時価３０００億ドルに及ぶ運用対象ポートフォリオは２人の熟練専門家が担当しています。

今後もバークシャー・ハサウェイの企業理念が温存されることはほぼ確実ながら、継承する経営陣が１９６７年以降無配としていることを今後も踏襲できるか、またバフェット氏が心情的に温存してきたが、充分な業績を保持出来ていない傘下企業群に対する処遇等を将来投資家が注目することになるでしょう。期待と不安が共存する事態が想定されます。

なお、バークシャー・ハサウェイの株式には、ＢＲＫＡとＢＲＫＢの２種類の株式があり、議決権が付くＢＲＫＡは現在１株の株価が68万ドル相当で売買されています。

その１／15に相当する議決権のないＢＲＫＢが、一般投資家の投資対象となっています。

第六章

投資の心得

これまでの指摘通り、日本で株式投資は基本的に投機色が強いと思われてきました。そのため日本では株式投資は、一般的に浸透することがなかったのです。

ところが日本の株式市場も34年振りの大活況を呈し、新ＮＩＳＡのキャンペーン等も含めて投資機運は今までになく高まっています。

1 投資のタイミングは今

既に投資活動に携わっている投資家は、通常手持ち資金の状況や市場動向を見計らって行動しています。

今から初めて投資を始める投資家にとっては、いつそれを開始するかを戸惑ってしまいます。

銀行預金を主な貯蓄手段として考える人にとっては、今のように世界の株式市場が最高値を更新し、取り分け日本の34年振りの最高値になっている状況では、一方では乗り遅れたくない願望と、他方では高値掴みをして大きなリスクを被る天秤に晒《さら》されています。

それはベテラン投資家でも同じ状況に直面しています。

私はかねてから、投資にタイミングはなく、常に今がタイミングだと言い続けてきました。

しかしタイミングがないと言うのは、本当は大きな嘘です。投資のタイミングは極めて重要で、それにより投資の成果は大きく左右されます。

過去数年間では、米国の株式市場は過去の最高値から、新型コロナウィルス襲来後に暴落しました。全く予期できなかった事象により、投資成果に大きな差が生じます。当然のことです。

投資にタイミングがないと言い続けてきた理由は、市場の予測は神様以外誰一人として予測が不可能だからです。

ウォーレン・バフェット氏の有名な格言があります。

「アナリスト、エコノミストや株式市場専門家の職業として唯一の貢献は、占い師の職業の地位を高めること」

即ち、もっともらしく市場予測をする専門家の価値はゼロであると、バフェット氏は揶揄しているのです。従って誰にも分からない投資のタイミングを狙うのは所詮危険なことなのです。

ゴルファーなら、あの時ナイスショットのボールが不運にもバンカーに転げ落ちていなかったら、もっと良いスコアが出たのにと言うのと同じで、すべてのことは振り返ればより良い結果が出せるのです。

既に解説し指摘してきたことは、残念ながら日本の投資家が報われてこなかったことです。それには二つの大きな理由があります。

その一つは、長らく制度的に投資家が育成されてこなかったからです。例を挙げますと、米国の年金制度開発とその発展が個人投資家の証券投資に対する自覚を高め、その制度展開にはナッジといった要素も加わり、個人投資家を啓発する諸々の動機が含まれてきました。

もう一つは、日本経済が１９８０年代に経験した巨大バブルが崩壊した後は、長期に亘り経済停滞が持続されたことです。

ベルリンの壁が崩壊し、1990年以降は、旧共産圏を含め世界経済は資本主義体制とグローバル化が進行し、世界は加速する経済成長を謳歌しました。当然世界の証券市場は急成長を遂げ、現在にいたっています。

バブルの時代の日本株式市場は、時価総額で米国を追い越し、世界を席捲するが如くでした。

それが、現在の日本市場では、世界比5％台に低落してしまいました。日本人である以上、円高や自国市場を中心に注目してきたので証券投資に対する懐疑心をもたらせてしまったのです。

2 全く遅くない定年後の証券投資

新NISAの最大宣伝文句は、積み立て投資による長期投資の効用です。

それは、ドルコスト平均法で投資を行えば、長期になればなるほど投資効果は高まります。

そして多くの指南書は、高齢者に対しては株式投資の比率を下げ、リスクを軽減すべきであると教示します。ですので50歳を超えた年齢層が初めて証券投資を行う場合、当然のごとく消極的になってしまいます。

米国主要株式指数に基づく、株式投資の保有期間別の上昇確率は5年間で82％、10年間で92％、15年間で１００％となっています。

そして、若い世代に比べて、高齢世代の貯蓄額は、金額が大きいので、投資の絶対効果は、明らかに高齢者が有利になります。厚労省の統計では、世帯当たり平均貯蓄額は全世帯別平均貯蓄の１１４３万円に対し、29歳以下１８１・４万円、30～39歳５１５・９万円、40～49歳８８６・５万円、50～59歳１３２７・２万円、60～69歳１５３９・０万円となっています。

そして、70歳以上は１２９５・６万円と大きく減少しています。当然ながら退職後の取り崩しが原因でしょう。

換言すれば、適切な投資が実施されていれば70歳以上の高齢者でも貯蓄額を減らさず、高めることが可能なのです。

米国の年金基金には、不文律の投資方程式が採用されています。株式と確定利付き証券の投資比率6：4を標準とし、歴史的に十分投資効果を高く維持してきた実績を誇っています。

基本的な考え方は、株式投資のリターンは高いがリスクも伴うとの観点から、経験原則に基づき6：4が最適とされてきました。

そして、確定拠出年金は個人の責任に基づいて投資内容や比率を決めますから、一般的に年齢別で若い世代は株式比率を高め、年齢が進行するに応じ、確定利付投資比率を高めることが適切と考えられてきました。

1980年代以降、世界金利は下げに転じ、長らく低金利時代を経てきました。そのような環境では、債券投資は安全と見られてきました。ところが、新型コロナショック以降債券金利は急上昇し、債券価格も株式同様に変動率が高まっています。その観点から、年齢層とは関係なく株式投資の比率を高くすべきとの見解も高まっています。

人生の資金計画を考えますと、限られた資金をどのように振り分けるかは、個人の気質やニーズに基づき千差万別です。

個々の状況を踏まえて、いずれも必要資金を算定します。非常時のためにはどの程度手持ちの現預金が必要かは人それぞれです。100万円で足りると考える人もいれば、お金持ちで1億円の現預金を持っていても不安な人もいるでしょう。

若い世代は当然ながら、子育てを含め生活費が嵩《かさ》み、住宅や不動産購入資金も別途充当する必要も考えなければなりません。退職年齢となれば、統計上平均的に最も高額の投資が可能となります。

証券投資は、流動性資金ですから、いつでも換金できます。されど換金時点の受け取り金額は相場動向に左右されます。

そのような観点から、目減りが許容できない資金は現預金で保有し、それ以外の余裕資金は基本的に投資可能金融資産と考えるのが妥当でしょう。

不動産投資も魅力的な投資手段ですが、流通している証券投資との徹底的な相違は、その文字が示唆する通り、流動性が低く、投資を思った時点で自由に換金することができないことです。

流動性と投資周期の相違により、不動産投資は、常時時価で換金出来る証券投資とは区別しなければなりません。証券投資に関しては、余裕資金はすべて投資可能資金と考えるのが妥当でしょう。長年投資経験を実践してきた投資家は、その経験に基づき投資活動を継続すれば良いでしょう。

もし投資姿勢が消極的であった場合はもう少し思いきって金額を増やすとか、株式投資の比率を高め、リターン目標の見直しも検討すべきでしょう。

最大の課題は投資資金額を決定し、実践に移行することです。投資を開始するに当たって、良いタイミングを計って投資できるかは誰もわかりません。そこで、スタートは今しかないと考えます。とは言っても当然ながら、一度に多額を投資すれば大きなリスクを伴います。

コツコツと蓄える長期の積み立て投資と違って、タイミングリスクは避けられませんが、歴史的投資周期に基づき、投資資金は時間的分散を心掛けます。

高齢になればなるほど、目標投資期間は短くならざるを得ません。絶対的な目標投資期間が5年程度でしたら、どうしても投資リスクは高まり、基本的に現預金で貯蓄するのが安全でしょう。

しかし、人生100年といわれる時代では、高齢になっても潜在投資期間は長引いています。そして、いつの時点でも換金出来る資金ですので、終身手仕舞いを考える必要はありません。投資資金も銀行預金も取り扱いに差はありません。

投資はいずれも分散が肝要です。分散とは、投資期間と投資物件に適用されます。目標投資期間が10年以上であれば、タイミングリスクを分散する為に、投資金額総額を3年間程で投下するのが適切だと考えます。

例えば、総額2000万円ですと、初回は500万円投下し、以降6か月おきに250万円投資すれば3年間で総額の投資が完了します。相続資金を増大させることが目的である場合は別ですが、あくまで生涯必要資金を確保し、その都度必要に応じて取り崩すことは当然のことです。投資資金はプールされた預金ですから、海外旅行にお金が必要なことがあれば、その金額相当の投資額を換金すれば良いのです。

3 投資はアクティブ運用かパッシブ運用か

「敗者のゲーム」で1970年代にチャールズ・エリス氏は実在の投資信託のパフォーマンス分析を実施し、有能なファンドマネージャーも長期的に平均的株価指数を上回る事が困難であることを実証しました。

そしてノーベル経済学賞受賞者のポール・サミュエルソン教授が指数投資の効用を

指摘した論文に感化され、バンガード社創業者ジョン・ボーグル氏が１９７６年に指数連動ファンドを開発した旨は本書で既に述べた通りです。

当ファンドは、発足当初、株価指数を実際の運用に適用することは難題でした。

例えば、米国主要株式指数であるＳ＆Ｐ５００種に投資するためには、５００銘柄を指数の比率通りに運用内容が再現されなければなりません。主要指数ファンドはほぼ正確に指数の動向を辿るように設計されています。多少の誤差は避けられないこともあるので、乖離分はトラッキング・エラーと表示されます。

いずれにせよ、運用効率を実現するには資金規模が十分に大きくなる必要があります。効率的資金規模を達成できれば、Ｓ＆Ｐ５００種や日経平均株価２２５種のように指数の値動きを再現し運用することが可能となり、そのような仕組みを開発すれば、運用コストも軽減がされます。

それに対し、専門のファンドマネージャーが運用するファンドのパフォーマンスを高めるには、運用対象の個別銘柄の調査や分析が不可欠となり、平均的に指数に連動するファンドとの比較上、当然ながら運用コストが高くなり、その分、投資家である受益者は付加費用を負担し、パフォーマンスにも影響を与えます。

指数などに連動するファンドは「パッシブ運用ファンド」、そしてファンドマネージャーが銘柄選定を行って運用するファンドは「アクティブ運用ファンド」と称されます。通常の投資信託の運用方針は目標指数を選定し、それが標準となるベンチマークとして、運用はベンチマークを上回る実績を目指します。

基本的には、ファンドマネージャーの実績は対ベンチマークで比較され、ファンド実績が評価されます。

例えば、ベンチマークが日経平均株価225種であれば、相対的パーフォーマンスが評価基準となります。

もし、ある特定の期間に日経平均株価225種が10%下落し、対抗するファンドのパフォーマンスが5%の下落に留まれば、そのファンドはベンチマークを5%上回ったと評価されます。換言すれば、ファンドのパフォーマンス評価はいずれも相対的パフォーマンス評価となります。

パッシブファンドは最低限の誤差で常にベンチマークと全く同等のパフォーマンスを提供します。

4 ETF（上場投資信託）

米国の主要株式を取り扱うニューヨーク証券取引所に対して、小型銘柄取引を中心としたアメリカン証券取引所が1992年に開発した「受益証券」は、金融当局の証券取引委員会の認可を取得し、ETF（上場投資信託）として発行されました。その代表的名称の一つがSPDRで、今日にいたって存続しています。

ETFは通常の投資信託とは異なり、指定参加者（証券会社、機関投資家など）が市場で買い付けた現物株の集合（現物株バスケット）を運用会社に拠出し、それを基に運用会社がETFを設定し、指定参加者は、運用会社よりETFの持分を示す「受益証券」を受け取ります。

要は、指定参加者が持っている現物株バスケットと、ETFを交換する仕組みとなっています。現物株バスケットとETFは交換でき、そのバスケットが日経225銘柄で構成されていれば、それに連動するETFとなります。

投資信託も指数連動の運用は同様に可能であり、事実、投信委託の主流商品として、その規模はアクティブファンドを凌ぐ規模に成長しています。

ＥＴＦの優位性は、投資家が上場投信として、取引所で普通の株式取引と同様に常時取引が可能となり、配当も株式と同様に分配されます。そして規模の利益を最大限に享受できるので、信託報酬が最も安価となっています。

そして、バンガード社提供のＳ＆Ｐ５００種指数連動ＥＴＦの年間信託報酬は０・03％まで引き下げられています。

このように米国を中心に世界のＥＴＦ運用資産残高は、今世紀飛躍的に伸び12兆ドルを突破し、米国では１００年の歴史を持つ投資信託の運用残高の40％に到達しています。

そのうちほぼ半額に達しているのが米主要株式指数を構成するＳ＆Ｐ５００種指数に連動するＥＴＦです。ＥＴＦの運用資産残高は米国が圧倒している中、日本を含むアジア太平洋地区のＥＴＦの運用資産残高も、今世紀ほぼゼロのスタートから、現在は７０００億ドルを突破。現在、東京証券取引所では３００銘柄ほどのＥＴＦが上場され、その中には金、原油等の商品、不動産投信（ＲＥＩＴ）、債権や直近ではアクティブ運用のＥＴＦも含まれています。

日本では２０１０年代の後半まで、ＥＴＦの離陸は遅行し、ＮＩＳＡへの投資などでその利便性が認識され始めてから成長を遂げています。

基本的に長期投資目標のＥＴＦが長らく軽視されたのは、証券会社にとって一般株式の委託手数料として薄利であり、且つ現在においても銀行の取り扱い対象となっていないからでしょう。

１９７０年代にチャールズ・エリス氏が「敗者のゲーム」を発表し、優れたファンド・マネージャーですら、長期間株式指数を上回るパフォーマンスを実現することが出来ないことを指摘したことは本書で既に述べました。Ｓ＆Ｐ社の統計によると、その事実は世界の株式ファンドに対し実証されています。２０２３年、世界株式市場は急上昇を遂げた年となりました。

その中で、日本のＳ＆Ｐ／ＴＯＰＩＸ １５０指数は31％の大幅上昇となり、それに対しアクテイブ大型株ファンドでそれを上回ったのは18％に留まっています。米国アクテイブ株式ファンドの67％が指数を下回っています。10年単位で比較すれば、ほぼ90％以上のアクティブファンド指数のパフォーマンスがパッシブファンドを下回っていることが立証されています。その事実を立証できる要因として、まず運用コストの比較で、米国の株式ファンドの経費率はアクティブファンドの０・66％に対し、指数ファンドの経費率は僅か０・05％です。

それ以外に株式リターンの分布は正規分布に従わないのも一因です。アクティブファンド全体を集計すると、リターンの平均は中央値となります。

ところがＳ＆Ｐ５００種指数では、過去20年間構成銘柄の18％が指数をアウトパフォームしてきました。

そのことで、大半の場合そのリターンの平均が中央値を上回っています。パッシブファンドの優位性は理論的にも立証されている所以《ゆえん》です。

５ ヘッジファンド及びプライベートエクイティ・ファンド等の代替投資

ヘッジファンド

投信ファンド一般は、株式や債権市場のベンチマークに基づく運用形態ですが、絶対的パフォーマンスを求めるファンドは通常ヘッジファンドと称され、投資環境が如何であれ常に絶対的実績を求めるファンド形態です。

ヘッジファンドの名称は、広義に解釈され、運用形態は千差万別です。ヘッジという言葉は、もともと損失を回避する繋ぎの意味合いであり、例えば為替ヘッジであれば、先物等を組入れ為替差損を回避する手段です。

株式市場で当初のヘッジの意味合いは、同類の銘柄で同時に一方を買い、他方を売ることを意味しました。

例を挙げますと、一方で銘柄トヨタ株を買い、他方同額の日産株を空売りする行為です。そのヘッジとは、投資家は長期的にトヨタの株価が日産の株価を上回ると判断した場合に実行します。

その考え方では、両社の株価が上昇しても下落しても、トヨタの相対的株価が日産を上回れば、常にその差額の鞘が絶対利潤として得られます。

このように、現在も相対株価動向の差額を求め、同額の買いと空売りで構成するヘッジファンドが存在します。

しかし現在において大半はヘッジとは関係なく、絶対的リターンを求めるファンド群の総称をヘッジファンドと定義されています。ヘッジファンドが一躍脚光を浴びたのが、1992年に著名投資家ジョージ・ソロス氏が、割高に評価されている英ポンドの切り下げを目指し、中央銀行であるイングランド銀行と一騎打ちした例です。

ソロス氏は、思惑通り英ポンドの切り下げに成功し、世紀の利益を獲得しました。ソロス氏のファンド類はグローバル・マクロと称され、世界経済のマクロ的現象に対し、集中的な投資を行うファンドです。ソロス氏のファンドは顕著な成功例ですが、同様に世界を震撼させた失敗例も存在します。

ノーベル経済学賞受賞者が率いる債券ファインド「ロング・ターム・キャピタル・マネジメント（LTCM）」は1997年、ソ連債務危機に際し、債券価格差から利鞘を求める裁定取引が不能となり、史上最大のファンド崩壊を招きました。米中央銀行FRB要請のもと、大手銀行14行による36億ドルの資金の供給により救済され、金融危機を免れた例です。そのように多くのヘッジファンドは世界の投資環境の変遷を利用し、利潤を追求するファンド形態で、状況に応じ進化しています。

プライベートエクイティ・ファンド

株式や債権投資は通常取引所や業者が売り買いを行い、売り手と買い手双方の取引を円滑に実現する流動性の高い市場を形成しています。それに対し、近年最も急成長を遂げている投資ファンドはプライベートエクイティ・ファンド市場であり、５兆ドルの規模に成長しています。株式や債権投資の最大の特性はどの時点においても、価格が透明であり、瞬時に売買できる流動性を提供していることです。

ところが、プライベートエクイティ・ファンドは、流動性を伴わない非上場の株式に投資をしたり、銀行等の金融機関が提供していない融資や債券を発行し、流通市場では得られないリターンを求めるファンドの総称です。

最近では日本の株式市場でも、ＭＢＯ（マネージメント・バイアウト）等、上場株式を株主から買い占め、非上場化を実現する例が見られるようになりました。基本的にこれらのファンドは時間を掛けてファンド自身が経営に手を出し、企業の事業内容等の改善を図り、長期的に株式市場で得られるリターンを凌ぐ投資成果の実現を図るファンドの総称です。

その他の代替投資ファンド

株式や債権の流通資本市場取引ではない市場や分野に投資する形態の投資ファンドが、代替投資と総称されています。

上記以外にも商品市場でのＣＴＡ(商品取引アドバイザー)ファンド、インフラ投資、森林資源投資等、多種多様の投資ファンドや形態が存在しています。

しかし、これらの代替投資全般的には、通常の株式や債権投資が流動性と透明性を確保しているのに対し、いずれも不確定で内容的にも往々に複雑な形態となっています。

一般投資家を対象とせず、金融当局も代替投資には一般投資家へ対し制約を実施しています。

代替投資手法は本書の趣旨ではなく対象外ですが、その分野は米国を中心に急成長を遂げており、且つ技術革新に伴い投資手法は目覚ましい進展を遂げています。それらの存在の認識も必要と考え、且つ一般投資家に不適切な商品提供に対しての警鐘として敢えて取り上げました。

6 ポートフォリオを構築

認識していようがしていまいが、個人は誰でも資産ポートフォリオを構築しています。いわゆる保有しているすべての資産が広義のポートフォリオであり、自宅の不動産を含めた土地・不動産、現預金、保険、年金、株、債券、宝飾品や美術品などすべてです。

一般的にポートフォリオ投資は、投資不動産を含めた金融資産と定義し、基本的に自由に対応できる資産と考えれば良いでしょう。

投資とは保有金融資産をどう効率的に運用し、長期的な成果を求める行為です。過半数の日本人は運用資産を現預金に留め、一部保険などは必要性と保全の観点から資金が向けられています。経済成長期ではインフレ進行も伴い、貯金として銀行預金などども、それ相応の利回りが確保されていました。

ところがバブル崩壊後は物価や金利が急速に低下し、銀行預金からの金利はほぼゼロに収束してしまいました。当時は物価上昇もなくなり価格破壊が流行語となり、それによりゼロ金利も実質的な目減りがなくなり、不都合でない貯蓄手段として定着するにいたりました。株式市場は恒常的な下げ相場となり、一般個人の投資対象とする考え方は遠のいてしまいました。

銀行も貸付先の資金需要の停滞がはびこり、貸付金利も大幅に低下してしまいました。銀行の本来業務は預金を集め、それを元本に貸付を行い、利鞘を収益源とするストックビジネスです。

それに反し、証券会社の本来業務は証券売買で取引手数料を収益源とするフロービジネスです。個人の貯蓄は将来に備えて、家の購入、子供の教育費や老後資金等を蓄えるストック行為です。ストック業務とフロー業務は本質的に相反する性格のものです。収益増大目的として、ストック業務は元本の規模と拡大を目指します。それに対し、フロー業務は元本の回転と拡大を目指します。

一般的見識として、銀行の信用度は高く、証券会社の信用度はそれほど高くありません。それは安定したストック業務に対し、回転を求めるフロー業務とが比較されるからです。

1998年には、証券会社以外の金融機関が投資信託の販売が解禁され、銀行に大きな収入源をもたらしました。ストックビジネスである投資信託の残高積み立てよりも、短期的に遥かに儲かるフロービジネスとして投信販売業務に邁進してしまいました。

今世紀に入り、資産残高増大により成長を目指す米国と回転売買により収益増大を目指す日本との決定的な格差が生じてしまいました。

今後この格差を縮めることは不可能でしょうが、遅まきながら日本政府も「資産運用立国」を掲げ、ストックビジネスであるポートフォリオ構築が喫緊の課題となっています。

ポートフォリオ構築で長期的な蓄財を求めるのに当たって、一定のルールに従うことにより、効率的に実現が可能となります。

そこで最も重要なルールは分散です。それは投資商品の分散と時間分散です。投資商品の分散としては現預金、株式投資、債券、不動産、そして一部は金やその他貴金属や商品なども含まれます。

不動産は、本来流動性が限定的な実物資産ですが、投資信託と同等の仕組みで構築された不動産投信（ＲＥＩＴ／リート）も対象です。

金も同様に実物資産ですが、実物金を裏付けしたＥＴＦも投資対象となります。債券投資は当然ながら投資対象となりますが、債券の取引市場は存在せず、本来小規模取引対象の個人投資家にとって流通商品として課題がありました。ところが、近年債券ＥＴＦが急成長を遂げ魅力的な投資商品となっています。

株式については、地域分散でまず米国が中心となり、ヨーロッパ、日本、新興国などに分けられます。株式のジャンルでは大型株、小型株、成長株、バリュー株、高配当株など多くの選択肢があります。債券投資の分類は株式ほどではありませんが、地域的には株式同様で、国債、事業債、ジャンク債等これも豊富な選択肢があります。その他にはＲＥＩＴや金ＥＴＦも対象となります。

投資の時間分散は、既に述べましたドルコスト平均法である積み立て投資が長期的に最も効率的な投資手法ですが、資産保有金額や年齢層により当然ながら手法が異なります。ただし、多額投資を一度に全額投下するのは危険で、ある程度の時間分散が必要です。

7 投資ルールの心得

リターンとリスクは表裏一体です。

基本は、大きなリターンを求めれば求めるほど同等のリスクが伴います。リターンとリスクを考えるにはそれぞれの特性を理解する必要があります。最も顕著な例を取り上げましょう。

銀行の普通預金金利は、限りなくゼロに近いです。ですが、元本は保証されていますし、瞬時に換金できる流動性も確保されています。タンス預金も元本は保全され流動性も確保しています。

しかし、盗難に遭えば元も子もなくなってしまいます。預金保険機構により銀行の預金額は1000万円まで保全されますから、一行当たりその金額まで預金は安泰です。

日本は、過去30年間インフレ率がせいぜい1％程度で推移してきたので、ゼロに近い金利でも実質金利の目減りは僅かでした。

ところが、現在は明らかにインフレ率が高まってきています。既に銀行預金は実質ベースで損失を生じているのです。

結論として、現時点で銀行預金のリスクはゼロでもリターンはマイナスに転じています。そのように投資の心得は常にリスクとリターン特性を理解し、それに基づいて行動することが望まれます。

日本の投資家は、一般的に為替動向に神経質であり、為替リスクを取ることを嫌います。

対米ドルの円は、戦後のブレトンウッズ世界金融体制が崩壊する１９７０年代の初期まで、１ドル当たり３６０円で固定されていました。

ところが、変動為替制度に移行して以来、対米ドルでほぼ一貫した円高の時代となりました。安倍政権が発足しアベノミクスが実施される前には、対米ドルの円は70円台まで円高が進行しました。

換言すれば、円は米ドルに対し40年間でほぼ5倍になったのです。為替差損に神経質になったのは当然でしょう。ですがＮＹダウ平均株価はその間30倍に上昇しました。

外国証券投資に対して個人投資家対象の多くの投資信託は、外国ファンド販売で為替ヘッジ付きの商品が提供されています。

しかしヘッジするには、ヘッジコストが伴い、多くの場合為替差損分はヘッジコストで相殺されているのが現状です。2023年以降は予想に反する円安が進行し、円高神話も疑問視され始めているのが現状でしょう。対主要国比、長期に亘り日本のインフレ率は最も低く推移してきました。

それが円高の大きな要因であった事は事実です。ところが経済力で劣勢になると、通貨が弱くなっても不思議ではありません。ことに財政赤字はGDP比250%とその近辺となり、世界で突出した赤字国です。長期的に円は、他国通貨に対し暴落することも考えられます。

為替も一つの投資要因にすぎず、他の要因と絡み合っていますので、投資を検討するに当たって為替アレルギーは排除すべきでしょう。

投資ルールの筆頭は分散であり、為替も同様です。その観点から、常に他国通貨を持つべきです。

世界の基軸通貨は米ドルです。米国経済は相対的に低下していると評価されても、絶対的な最強経済であり、世界の時価総額ベースでも米国が突出した規模を誇っています。

その観点から、保有資産の50%ほどは常に米ドルで株を保持することは当たり前と考えます。

投資のルールとしてもう一つ重要なのは、投資コストの軽減です。投資家の多くは金融機関の推奨に基づき投資信託に投資しています。

その少数は成功し、相応のリターンを実現していますが、統計的に投資信託への投資成果は、マイナスとなっており、期待した長期蓄財は実現していません。

その理由は、単純に投資コストが高すぎるのと、買い替えが多すぎるからです。遅まきながら金融庁も金融機関による悪癖の是正に目を光らせ、多くの是正策が実施されるようになりました。なんといっても、その目玉はＮＩＳＡとその改革でしょう。

証券投資の売買経費は、パフォーマンスに大きな影響を与えます。そのため、投資家はそれにも目を光らせましょう。

当然ながらネット証券会社との取引も売買手数料を軽減できる手段です。回転売買には、その都度手数料がかかり、その分リターンを低めることも認識しましょう。

ベルリンの壁が崩壊し、１９９０年代に旧共産圏を含め世界は資本主義経済に移行しました。それにより世界経済は年率実質ベースで３～４％の経済成長を遂げています。

資本主義を信じ、経済成長が持続可能であれば、資本がその原動力です。そして成長資本は株式であり、投資のルールの筆頭は株式重視の蓄財です。

リスクの観点からも短期は別として、統計的に長期投資資産で最も効率が高いのが株式投資です。

1974年に米国で企業年金法が制定され、当初の試行錯誤移行、米国企業年金運用の基本方針は6対4の比率で株式投資に重点を置き、安全と安心を保全する確定利付き商品は4割程度が適切とされてきました。

そして全体的に年率約7%の複利実績を記録しています。歴史から学ぶべきです。

8 投資の実践

積み立て投資についてその最大の効用は既に説明しました。

投資手段として、最も安全で、長期的運用により投資目的を達成するのにNISA投資などでも奨励され、日本政府お墨付きの投資手法です。

証券市場は、経済、社会、環境、政治などすべての現象を集約した実像です。それは社会全体の実態に対する人間の認識と心理を反映しています。

短期的には、その心理的要素が支配しますから、全体像として変化が見られなくても、相場として日々動いています。投資を実践している人々は毎日の相場動向に気を取られてしまいます。

そのような人間の本能や衝動を排除する手法が積み立て投資なのです。

5年間の期間を捉えますと、株式市場はほぼ右肩上がりで推移しますが、その間相場は常に乱高下する可能性を孕《はら》んでいます。

途中で、リーマンショックや新型コロナウイルスの襲撃等、全く予見できない事象が生じることがあります。積み立て投資の効用は、それらの全く予期できない事象に最大の効力を発揮できます。何故なら、毎回の投資金額が一定で、それに対して投資単位が変動するからです。

一般的に投資家心理としては、相場が高い時点では強気になり、市場が売られる局面では弱気になりがちですが、実行する投資行動はその反対となります。

株価が高い時点で投資単位が少なくなり、安い時点で多くなるので、いわゆるドル定額コスト法で必ず儲かる算段となります。とは言っても、積み立て投資の最大の制約は投資期間の時間軸が長ければ長いほどその効果が高まり、本格的にそれに対応できる状態でなければなりません。

若い世代が老後の蓄えを確保する企業年金、iDeCoやNISA投資は、比較的少額を20~30年間長期に貯蓄するのであれば理想的な立場と言えます。

ところが、既に現預金を中心に貯まった貯蓄が存在したり、退職金、遺産相続などでまとまった資金を得たりする場合、長期の積み立て投資など悠長なことは言っていられません。

そのような状態で投資を開始する場合の鉄則は、まず何よりも適切な投資ポートフォリオを構築することであり、そしてある程度投資のタイミングを分散することです。ポートフォリオ構築にあたって、最も気になることはその時点での市場話題です。例えば近年米国の株式市場は突出した相場上昇を記録しています。

しかも一握りのトップにあるハイテク株の話題は事欠かせません。そして知り合い等から個別銘柄投資の大成功例等も聞かされます。当然ながら、個別銘柄投資もしたくなります。

既に投資を実践している投資家はどうすれば良いかという質問も生じます。そのように、投資の実践にあたっては、多くの質問や疑問が出てきます。

この疑問に対して、これが正しいという法則はありません。ただし、投資の原則は念頭におく必要があり、それを決して忘れないことです。既に投資配分については、過去の実証経験から株式と確定利付証券との配分は、原則として6：4が適切と考えます。その4割に相当する資産には、一部流動性の高い短期債や現・預金も含めることがよいでしょう。相場の下落局面には、追加株式投資に適用できる余裕資産となります。

基本的に投資対策はＥＴＦあるいはパッシブ投資信託に投資をし、それにより幅広い銘柄分散を図ります。そして、個人的要望や関係上の銘柄選択には当然のことながら配慮し、それらへの投資も含めるべきでしょう。

また所属企業の株式を保有するのは当然でしょう。

純投資の観点からは、全ポートフォリオの10～20％程度までは個別銘柄を個人判断で決めれば良いと思います。個別銘柄1銘柄の保有比率は3％までというのが一般的な考えです。

例えば、米国主要銘柄S&P500種指数の場合、2023年には上昇分の大半は上位大型IT7銘柄の貢献で、500銘柄の指数投資比重は30%を構成しています。それらトップ銘柄のいずれも保有しなくても、指数連動投資を実施すれば、ポートフォリオのパフォーマンスはそれら個別銘柄の値動きが反映されます。もう一つ、個別銘柄投資の場合、当然ながらそれらの株価は指数より大きく変動しますから、売買のタイミングが問題となり、余計な注意が必要となります。

9 ETFで構成するモデルポートフォリオ

さて、具体的な投資手法ですが、指数のパッシブ投資手法としては投資信託とETF(上場投資信託)の二つの方法があります。指数連動投資ではETFが急成長を遂げ、売買、手数料、透明性、豊富な品揃え等すべての観点から安価で利便性の高い商品として成長しました。

現在、最も普及している投資対象証券です。元来、債券投資は個人投資家にとって株式市場に匹敵する市場が存在せず、金融機関と直接取引となる相対取引証券でした。

しかし、今や債券ETFは急成長の途上にあり、債券投資も飛躍的に容易になりました。

それらは上場され、透明性も確保でき、手数料も株式の委託手数料と同等となりました。

日本では、銀行は株式や市場での取り扱いはできませんので、NISAでも銀行口座設定の場合は投資信託に限定され、ETF投資はできません。

ETF投資は大いに利用すべきであり、私の考えるモデルポートフォリオはETFで構成しました。

今までに記述してきたすべての投資概念を体現する投資案です。具体例として是非ご検討ください。ETFの開発は目覚ましく、銘柄数も種類も日々開発されていますので、当然ながら新しい開発や展開をモニターする必要があります。

ETF残高は日本でも急成長を遂げていることは既に述べた通りで、実質的に今後NISAの投資対象として大いに期待されています。

しかし現状は、残高の大半が日本銀行保有なのです。

日本株の過度な停滞の対応策として、政府機関である日銀が株価対策の一環として日本株を買い、その残高は75兆円ほどに達し、日銀が日本株の最大株主となっているのが現状です。このような習慣は過去の歴史に遡っています。

１９６０年代の証券不況時に、証券会社救済を伴う日本株を買い上げる目的で実施されました。当時、価格維持政策としてＰＫＯと揶揄されました。

安倍政権下のＰＫＯはエスカレートし、日経株価平均２２５種やＴＯＰＩＸ指数全体を取得できる便利なＥＴＦに着目したのです。総数３００銘柄以上のＥＴＦが東証に上場されていますが、実際の取引高は低く流動性も限られています。

そして、東証上場ＥＴＦも日本株を除くといずれのＥＴＦも海外市場で上場され、流動性の高いものが選ばれています。

日本の投資家は、海外上場の株式を海外市場で任意に売買できますが、ＥＴＦは投資信託扱いとなり、投資可能な個々のＥＴＦは国内登録を必要とします。現在、大型のＥＴＦ３００銘柄以上が、国内登録されています。従って海外市場で取引する場合でも、取引するＥＴＦが国内登録してあるかを確認する必要があります。投資家保護の名目で日本の当局は諸々の制約を課しているのが現状です。

国内に登録されている海外ＥＴＦは、いずれも海外市場に上場されており、それらの大半は海外で取引されています。ですので投資家は基本的に海外市場での取引が有利です。

国内で上場されていても取引高は小さく流動性が低いのが現状です。

◉世界各国の株式時価総額

国名	時価総額($10億)	シェア(%)
米国	48,769.1	51.7%
中国	9,674.7	10.3%
ユーロ圏	6,797.5	7.2%
ドイツ	内2,146.0	2.3%
日本	6,340.1	6.7%
英国	3,034.1	3.2%
韓国	1,795.4	1.9%
シンガポール	577.5	0.6%
香港	3,599.7	3.8%
インド	4,387.0	4.7%
ブラジル	855.7	0.9%
オーストラリア	1,615.9	1.7%
カナダ	2,898.4	3.1%
台湾	1,836.7	1.9%
合計	92,181.8	100%

(注)この表はMacro Micro社によるもので
金額や取引高の少ない諸国は省略した統計です

さて前置きが長くなってしまいましたが、推奨ポートフォリオに組み込まれているＥＴＦは、日本株ＥＴＦを除いてすべて海外市場での取引が主流となっています。

世界を俯瞰して投資を実施するのであれば、投資対象は時価総額ベースの分散が最も中立的な投資手法となります。２０２３年末、時価総額ベース世界主要国株式市場の時価総額は右の表の通りです。

時価総額の統計は世界の株式市場の評価を集計した金額です。

国別各市場の経済・資金規模と成長率、人口、政治体制、資本市場体制の位置付け、為替水準、社会制度等すべての要因の鏡として捉えます。

世界最大で最強の資本主義国である米国は、世界主要国時価総額の50%以上を占め更に拡大方向へ進んでいます。中国と香港市場の規模は今世紀来、飛躍的に伸びましたが、過去10年間には自由諸国間との地政学や経済社会の軋轢《あつれき》を反映し、その位置付けは後退しています。変わってインド市場等の躍進が目立ってきました。

単純に時価総額ベースで評価する場合、ちょうど宇宙から地球を眺めるように、ポートフォリオ構築は時価総額比率に沿って配分するのが最も中立的な投資となります。その観点から、日本人が日本を中心に考え、大半を日本に投資することは明らかに誤っています。

従って具体的なポートフォリオを構築するには、どのような国や地域的配分及び投資対象証券を仕分けるかを決定し、それは当然ながら定性的判断を要します。

一度基本的な投資判断を行えば、余程の変化がなければ余分なことは考えず、以降は世界の流れや状況変化に応じて、微調整のみを実施し、ほぼ放置すれば良いと考えます。

為替に対する考慮も同じです。

第2次安倍政権が発足する直前の2011年に、円は対米ドルで75円台の歴史的円高を記録しました。そのように歴史的には長期に亘り円高が進行し、日本人は為替動向に極めて敏感になっています。

今も日本の個人投資家は「ミセス・ワタナベ」と揶揄され世界で最も活発な取引に講じています。現在では日本と諸外国の大きな金利差から、円売りが主体となり長らく円安の状況が続いています。将来はどうなるか定かでありませんが、世界における日本経済・社会の位置付けは大きく低下している現状から判断をすれば、円が長期的に強い通貨として円高に推移する確率は低くなっているでしょう。

私の基本的な考えは、世界を俯瞰するポートフォリオは為替をも網羅し、為替の強弱も織り込まれている事実です。海外ファンドを購入する場合、その多くは、為替ヘッジありとなしの選択肢があります。常に指摘しているのは、為替リスク以上のヘッジコストがかかることです。

グローバル投資を行うことはそれ自体為替も含まれることで、為替ヘッジは一切行わないのが鉄則と考えます。

時価総額比率では、日本への配分は10％未満に留まってしまいます。しかし、日本人であれば、最も馴染みと理解のある自国市場への投資を重要視するのは当然でしょう。投資判断で最も難解なのは、日本人として自国への投資配分を決定することではないでしょうか。

日本は長らく株価が低迷してきました。ところが日経平均株価は１９８９年来34年振りに高値を更新し、夢にまで見た4万円の大台を実現しました。

経済成長が他諸国に遅行し、それが株価に反映されてきましたが、過去10年間で企業統治改革が進み、東京証券取引所も上場企業に対し能動的に株価低迷の是正を促進しています。そして、投資家も割安に放置された日本株式市場を見直す機運が高まっています。そのような観点から、モデルポートフォリオでは日本に対する投資配分を15~20％が現時点で適切と考えます。

２０２４年から新ＮＩＳＡが発足し、ＮＩＳＡ資金の投資額が大幅に増加されました。

円安が進行する中、日本政府も投資家が国内投資を軽視し海外投資を高めていることに懸念が持ち上がっています。英国でも自国市場が低迷する中、同様な見解が散見されます。しかし、個人的には強制的な措置が講じられれば別ですが、気にする必要はありません。

それでは、世界有数のＥＴＦを取り上げてポートフォリオを構築しましょう。

投資対象として、大型ＥＴＦ９銘柄を採用し、ポートフォリオを次頁の表のように作成してみました。地政学やその他の不確定要因に対するヘッジとしての金投資も含めました。

◉モデルETFポートフォリオ

① **バンガード・S&P 500 ETF(VOO)**
組み入れ比率:15%　年間手数料:0.03%　純資産総額:$1,793億
上位組み入れ銘柄:Microsoft, NVIDIA, Apple, Amazon, Meta

② **iシェアーズ・グローバルハイテク株ETF(IXN)**
組み入れ比率:8%　年間手数料:0.41%　純資産総額:$51億
上位組み入れ銘柄:Microsoft, NVIDIA, Apple, TSMC, Broadcom

③ **i シェアーズ ・米国高配当銘柄ETF(DVY)**
組み入れ比率:10%　年間手数料:0.38%　純資産総額:$190億
上位組み入れ銘柄:ALTRIA, AT&T, CitizensFinancial,Truist Financial, Philip Morris

④ **日経225指数ETF(1329)**
組み入れ比率:22%　年間手数料:0.045%　純資産総額:$1,401億
上位組み入れ銘柄:ファーストリテイリング、東京エレクトロン、ソフトバンク・グループ、アドバンテスト、信越化学

⑤ **バンガードFTSEヨーロッパ株ETF(VGK)**
組み入れ比率:12%　年間手数料:0.11%　純資産総額:＄255億
上位組み入れ銘柄:Novo Nordisk, ASML, Nesle, Astra Zeneca,SAP

⑥ **iシェアーズ・コアMSCIエマージングマーケットETF(IEMG)**
組み入れ比率:12%　年間手数料:0.09%　純資産総額:＄805億
上位組み入れ銘柄: TSMC, Tencent Hldgs., Samsung Electronics, Alibaba, Reliance Ind.

⑦ **バンガード・トータル債券市場ETF(BND)**
組み入れ比率:7%　年間手数料:0.07%　純資産総額:1,073億
上位組み入れ銘柄:米国債、格付—BBB, A, AAA, AA

⑧ **iシェアーズ優先インカム証券ETF(PFF)**
組み入れ比率:7%　年間手数料:0.46%　純資産総額:＄142億
上位組み入れ銘柄:Wells Fargo, Citigroup; Albemarle, BLK, B of A

⑨ **SPDRゴールド・シェアETF(GLD)**
組み入れ比率:7%　年間手数料:0.40%　純資産総額:＄7,000億
上位組み入れ銘柄:なし

投資を実行し、長期に保有すれば、世界市場の動向と類似した成果を着実に実現できます。投資金額を決めれば、全額を一回で投下することにはタイミングリスクが伴いますので、例えば2～3年間で複数回に分けて実行するのが賢明でしょう。

10 投資のまとめ

貯蓄の手ほどきとは、主として株式投資を実践すること以外に方法がなく、且つそれを実践することが最適な貯蓄手段であることを解説してきました。それが出来なかった背景には日本特有の構造要因があるとの結論に達しました。

貯蓄手段として機能しなくなった銀行預金に対し、蓄財が期待できる証券投資に多くの資金を移さなかったのが現状となっています。

その事実は、日本政府のリップサービス以外の無策と金融機関の悪癖が主とした要因となっています。「投資家本位」の体制構築は喫緊の課題として浮上していますが、悠長に待つことはできません。各個人が行動に移し、少しでも遅れを取り戻す必要性を認識しなければなりません。

岸田政権発足以来、「資産運用立国」のスローガンを掲げ、企業価値の向上とともに2200兆円に蓄積した家計金融資産の半分以上を占める現預金が投資に向かうことを最重要課題として取り上げています。その目玉が強化されたＮＩＳＡの発足で、順調な門出を迎えました。

証券投資に対して、「長期、分散、積み立て」が強調されるテーマとなっています。本来、投資信託はそのような機会を提供すべき手段であったのが、杜撰《ずさん》な遺産となっています。

今後は投資家本位の体制に変身する以外に道はありません。金融業界のトップからも、過去20数年間で投資信託資産は世界的に20数倍に成長したのに対し、日本の投信資産は数倍程度に留まったこと、日本の公募投信残高本数は目先利益追求に邁進し、6000本に近く膨れ上がり、その非効率性を指摘しながらも抜本的な対策は打てていない、投信投資家の満足度が極めて低い等、厳しい結論を指摘されています。

このようなモデルポートフォリオに取り上げたバンガードＳ＆Ｐ500（ＶＯＯ）ＥＴＦの資産残高はほぼ190兆円で、日本の公募投信残高総額約250兆円の75％に匹敵します。

米国有数の投信1銘柄が、日本の公募投信全額の75%と同額である事実には唖然としてしまいます。

投資の鉄則として「長期、分散、積み立て」は本書の主要テーマです。20歳代からNISA投資を開始するには、何ら疑問なく実践に移せます。30～40年の長期で投資を実践する場合、投資リスクは完全に除去されます。ところが、今後退職を控える、または既に引退している者にとって3つの原則が実行可能で有効であるかを指摘します。

長期

投資できる資金の投資期間は生涯です。

投資リスクは投資期間とある程度関連しますから、基本的に期間が長ければ長いほどリスクは相対的に軽減できます。

米国の株式市場は歴史的にどの期間を区切っても保有期間15年間では100%プラスとなり、どの5年間を区切っても82%の確率で上昇しています。

それに比べ、投資期間の長短とパフォーマンスにははっきりした相関が見られません。区間別に5年間と15年間を比較した場合、長期間のリターンが必ずしも上回るとは限りません。当然ながらある一定期間の相場動向には強弱があるでしょう。そして高齢者が年齢的に、そろそろ投資は手仕舞いすべきだとの発言をよく耳にします。

しかし、余生がどうであろうが、投資資金は流動的資産ですからその時点で銀行預金と同等と考えるべきでしょう。銀行預金であろうが証券口座であろうが、残高はいつでも任意に換金できます。

それに対し、不動産は流動資産ではありませんので、売却のタイミングも考慮に入れる必要があります。人生100年の時代ですから投資は70代の高齢者であっても決して遅すぎず、投資機会は十分享受できます。高齢者が初めて投資を実行するにあたって、まとまった資金を対象とする場合は短期的なタイミングリスクが伴いますから、3等分し、3年間程度で投資を完了するのが適切でしょう。

肝要なのは、投資は貯蓄ですから、基本的に保有証券を安易に売買しないことです。ポートフォリオが大きく上昇した時点では利食ったり、逆にコロナ禍のような事態では、警戒心のもと売却する衝動に陥ります。確かに、相場は状況次第で大きく上下しますが、的確な判断を下せるのは神技でしかありません。

なので相場の浮き沈みには気にせず、無視することが肝要です。

分散

モデルポートフォリオを提示した通り、選ぶ投資商品は世界に分散させることによってリスクを大きく軽減し、リターンを安定させます。

そして、分散効果を最大限実践するにあたってＥＴＦ投資を例に挙げました。同類の投資信託も多く適用されています。株式投資家にとって、個別銘柄で大きなリターンを実現することは投資家の冥利に尽きます。

専門投資家であっても、長期に成功できることは容易でありません。貯蓄にはＥＴＦや同類のパッシブ投資信託が最適でしょう。投資資金に余裕があれば、一部はアクティブ投信や個別銘柄投資も検討対象となっても良いでしょう。

多くの投資家にとって、株式投資は嗜好《しこう》であり、避ける必要はありません。ただし、過度にのめり込むことは避けましょう。

積み立て

年金資金やＮＩＳＡ投資等を長期に亘り投資を積みあげていくのに最も望まれる投資であり、それゆえ現在においては制度化されています。その効用は既に第四章で立証しました。

諸経費や複利効果

いずれの投資商品を選ぶ場合、または為替取引にも手数料や信託報酬などのコスト要因が嵩みます。その際には、コスト要因に十分注意しましょう。ＮＩＳＡやｉＤｅＣｏ等税制優遇投資は証券課税が免除され、複利効果を享受できます。コスト要因を軽減し、税制優遇措置等を効率的に利用することにより長期的に大きな効果が得られます。そのような注意が不足すると、往々にして年間利回り１～２％程度の差が生じてしまいます。１年間ではそれほど気にならなくても、長期投資ではこれら要因も大きく影響する認識は不可欠です。

以上で、投資に関する手ほどきを語り尽くしました。これに賛同いただければ、以後、最も大きなハードルは実行に移すのみでしょう。

最後に繰り返します。

人間の心理として東西を問わない行動様式——負けることを嫌う、リスクを回避する、面倒臭いことを後回しにする——崖っぷちに追われる老後資金を保全するには、実行のみが残っています。

第3部

第七章
株式投資の理解を深める基礎知識

1 株式市場や株価の主要尺度

長期的な観点において株価や株式市場は、一定のルールや尺度のもと価格形成がなされています。資本とは企業の成長と存続の糧であり、それがどのように評価され、今後どう推移するかにより株価や市場水準が決定されます。

資本は基本的に株式と債券（債務）で構成され、その株式の価値判断は多くの基準から査定されます。株価と株式市場の主要価値基準として株価収益率（ＰＥＲ）、配当利回り、株価純資産倍率（ＰＢＲ）、及び投下資本利回り（ＲＯＩＣ）を理解しましょう。

2 株価収益率（PER）

株式市場は論理的な市場で、株価はその論理のもと形成されているのです。例えば、誰でも自分の事業を始めようとする場合、出資金に対して、どれぐらい売上を計上し、当然ながらどれだけ儲けるかが基本的な動機です。事業計画を策定し、出資金１００万円で店舗を借り、商品を仕入れ、その商品の売上を計画し、そしてどの程度の利益を計上できるかを企画します。

１００万円の資金に対し、年率５～10％の利益を実現する目標は一般的に妥当な目標でしょう。株式市場では全く同じ論拠で株価が形成されます。

例えば、トヨタの株に投資した場合、その投資に対し、トヨタが将来どれだけの利益をあげるかが、投資家の最大の関心事です。

トヨタ株に１００万円投資し、それに対し５～10万円の年率値上がり益が得られれば、利潤率は同様に５～10％の期待値となります。株価の水準を測定する最も普遍的に利用される尺度は「株価収益率」（ＰＥＲ）です。通常の利益率と全く同じですが、分母と分子を逆算した数値です。

そのため事業の利益率が５～10％であればＰＥＲは10～20倍と算出されます。すなわち、10％の株価利益率を創出する企業のＰＥＲは10倍となります。現在トヨタの株価は、３２００円程度の水準で取引されています。それに対してトヨタの一株当たり利益が３２０円であればＰＥＲは10倍となります。もしトヨタが毎年10％程度の増益を続けるとし、そしてＰＥＲが変わらなければ、トヨタの株価は年率10％増加します。

日本経済新聞の株式市場欄には日々上場銘柄集計の今期予想ＰＥＲが掲載されています。日本の日経平均株価は年初来史上最高値を更新し、現在の予想ＰＥＲは16倍程度となっています。逆算したその利益率は６・３％です。

換言すれば、日経平均株価を構成する企業群の税引後利益率は６・３％となります。株式市場の株価水準は収益力に基づく理論値を中心に推移します。しかし、市場はいつの時点でも社会の鏡であり、世界情勢や人間の心理を反映し、理論値から大きく乖離することがしばしば生じます。

そのため、瞬間的に株式市場の水準は理論値を大きく下回ったり上回ったりします。１９８９年、日本のバブル相場のピークでＰＥＲは70倍強で取引されました。常識的にはあり得ないことですが、歴史的には、そのようにとんでもない水準に乱高下してきました。

しかし、長期的株価水準が理論値に回帰することは歴史が立証しています。個別株のＰＥＲはその企業の収益成長力により評価は大きく変わります。

当然ながら成長率の低い企業のＰＥＲは低く評価され、成長率の高い企業ＰＥＲは高くなり、ＰＥＲが30倍の企業でも、年率30％の増益を実現できれば、３年間で実現利益は2倍になり、そのような成長が続く限り高PERが妥当となります。

では、株式市場の歴史的な理論値とはなんでしょうか。

株式市場の規模、歴史、開発、統計などすべての観点で米国が先陣を切ってきました。然るに、世界の株式市場を語るには米国の統計が最も信頼できる指標です。

米国10年国債は、長期保有資産としてすべてリスクのない投資として採用されてきました。20世紀以降、長期間米国10年国債利回りの平均値は3~4%で推移しました。

10年保有の10年国債利回り3~4%に対して、株式は当然ながらリスクが伴います。そのリスクの度合により株価の評価が算出されます。3~4%利回りの絶対値に対し、リスクを取る株式投資のリスクは、歴史的に2~3%程度のプレミアムが適正とされてきました。

そうすると、株式投資に対する期待利回りは5~7%となり、理論的PERは14・3~20倍となります。

歴史的米国株式市場の統計からも、株価平均水準はほぼ算定式の範囲で推移してきました。歴史上はそうであっても、当然ながら短・中期的に乖離は生じ、殊にリーマンショック以降、株価は算定式を大きく上回っています。

それに対する解釈は後述します。

3 配当利回り

日本も企業統治が改善され、東証も上場市場に余剰資金に対し配当性向を高めることを奨励するようになっています。

債券利回りは国や企業の債務に対する利息です。それに対し、配当は税引後、企業収益の余剰分から分配される資金です。

債券投資に対して、保有株式利回りが高く、将来的増配が期待できる銘柄であれば、その魅力は当然高まります。低金利が恒常化した日本では、多くの場合債券利回りよりも配当利回りが高くなっています。

債券利回りと配当利回り比較も株価評価基準の重要な要因の一つです。

4　株価純資産倍率（PBR）

２０２３年の春に東京証券取引所は株価純資産比率が１倍を下回っている上場企業に対し、警告を発して改善を促しました。

企業の純資産とは、本質的に企業を廃業し、清算する場合の資産価値のことです。ＰＢＲが１倍未満ということは、株式市場でその企業の価値が清算する金額以下ということで、本来株式市場で上場する意義がありません。昨年来、東証の奨励もあり、俄に株主資本の重要性に対する認識が高まっています。

東証プライム市場で、昨年時点では約半数の企業がＰＢＲ１倍割れであったのが約１年間で現在約６００社ほどとなり、３割程度に減少しました。現在なお東証プライム全銘柄の平均ＰＢＲは１・45倍に留まっています。米国市場では４倍強で資本効率の差を物語っています。

5 投下資本利回り(ROIC)

日本でも企業の資本効率に対して、真剣に取り組むようになってきました。資本効率が高ければ企業の収益力も高まります。

ROICとは、企業が設備などに投資を実施するにあたって、どの程度の収益を達成できるかの尺度です。企業の収益力を図る指標として注目されています。

第八章

リスクについて

金融機関で、普通預金や定期預金など元本保証付き以外の商品購入を申し込む際は、購入に関する注意事項を口頭及び書面で確認する必要があります。

それらの説明書は、煩雑で大半の投資家は自動的に同意するか、又はその時点で理解の難解なリスクに躊躇してしまいます。その場合、やはり預金が一番安全だとの認識に陥ります。

その観点から、投資に関する最大のリスクは「リスクを取らないリスク」と認識すべきでしょう。失われた30年と評される日本経済は、その間物価が安定し、銀行預金はゼロ金利でも、資産保全が保たれ、遜色のない貯蓄手段とみなされてきました。

ところが、インフレが進行する状況に転じれば、現預金は目減りすることが必至です。証券投資には当然ながら価格変動リスクや元本リスクが伴いますが、インフレ環境の下では、インフレを克服できる手段がリスクを軽減する手法です。事実は、今までも利益を生まない現預金投資で機会損失を被ってきたのです。

1 機会損失リスク

資産保全については、それにまつわる多くのリスク要因が指摘されます。

その中で、潜在的ですが最大のリスクは機会損失リスクでしょう。日本人は一般的に機会損失リスク認識が軽薄のようです。

機会損失リスクは別の観点からも認識が必要です。ＰＥＲの説明で事業の収益に対する期待値を説明しました。

その例では、事業に必要な店舗は借りる前提での試算です。もし店舗が自己所有であれば計画値が変わるのでしょうか。店舗を貸借すれば、当然ながら収益計算に賃貸料が経費として加算されます。もし自己保有であれば、収益期待値は大きく変化します。よく耳にすることですが、不動産は自己保有であるから、儲けは少なくても全然問題にならないとの説明を受けます。

この発言は機会損益を全く無視した表現です。

もし、自己保有の不動産を利用し事業を開始した際、収益期待値が３％でも良いとの考えは全く間違っています。もしその不動産を3％の利回りで賃貸可能であれば、基本的にリスクなくして3％の利潤が得られるのです。ですから自己保有の不動産を利用する場合は、収益目標がその分上乗せして、初めて同等の試算となります。

収益目標5～10％の例ですと、もし自己保有不動産を利用するのであれば、同等の収益目標は8～13％に上乗せして、初めて同等の目標値となります。米国の例を取り上げますと、歴史的に株式投資は平均7％程度の年率リターンをもたらしてきました。ゼロ金利とゼロリターンの預貯金と株式投資のリターンを比較すると、現預金の貯蓄は極めて大きな機会損失と認識すべきです。

2 金利リスク

一般投資家にとって機会損失リスクの次に大きなリスクは、金利リスクであると考えます。

金利が上昇すれば、その投資元本価格は下落し、その逆に金利が下落すれば、その投資元本価格は上昇します。

金利と元本価格は反比例で推移し、元本価格の変動幅は満期までの期間の関数です。金利動向に対し、期間が長ければ長いほど、元本価格の変動は大きくなります。日本は、経済停滞環境と異次元金融量的緩和策のもと、長らく長短金利は限りなくゼロに収束してきました。

コロナ禍後、インフレ加速のもと世界金利は急上昇し、日銀も金融政策の変更を余儀なくされています。

日本の10年国債利回りも長らく０％近辺に収束していましたが、日銀の政策転換を以て、現在は１％弱で取引されています。10年国債は満期まで保有すれば元本保証のもと１００％返済されます。

では、10年国債投資に対するリスクはないのでしょうか。大きな金利リスクを負っているのです。説明しましょう。

Ａさんは利付き０・３％の10年国債を元本１００万円購入しました。

満期まで保有すれば、毎年３０００円（税引き前）、10年間で3万円の利金を受け取り、１００万円の元本が返済されます。Ａさん購入直後に日銀の政策転換により10年国債利回りは１・０％に上昇しました。

もし、新規10年国債をBさんが購入すれば、ほぼ同時期に投資したBさんは10年間で10万円の利金と元本の返済を受けます。

Aさんは B さんの10万円の受け取り利息に対し、3万円しか享受することができず、その差が7万円金利リスクによるものです。

国債は最も流動性の高い証券ですから、Aさんが購入した10年国債は流通市場で1・0％相当の利回りとなる元本価格に調整され、利付き0・3％元本100万円で発行された10年国債を、Bさんは流通市場では元本93万円程で購入できます。その結果、B氏は10年間で3万円の利金と100万円の元本返済を受けます。

要するに、10年国債価格は金利0・3％が1・0％に上昇したことにより、7％近い減額となったのです。Aさんがその時点で元本に対し、7％近い評価損失を被ります。

日本も今後のインフレは日銀長期目標の2％程度に上昇するかが、大きな課題となっています。

いずれにせよ、インフレ懸念(期待)が高まる中、企業による起債ラッシュが生じています。販売金融機関の販売員は、今後の金利上昇があっても満期まで保有すれば利息と元本の返済を受けると説明するでしょう。

でも、金利リスクにより実質又は大きな機会損失を被ることを認識しなければなりません。

3 信用リスク

投資対象証券で、信用リスクに関しては信用格付け機関が世界中の発行体の格付けを行っています。世界二大格付機関の一社であるスタンダード&プアーズ社（S&P）による最高格付けは「AAA」で表示され、もう一社のムーディーズ社でも「Aaa」との表示で類似の格付標識を採用しています。

順列として、S&P社は「AAA」から「AA+」、「AA」、「AA－（マイナス）」と信用力を順次引き下げ、「BBB」までは投資適格の評価を受け、「BB」以下は多くの機関投資家の投資基準を満たさない格付けとなっています。

しかし、格付けの低い発行体の証券は当然ながら利回りが高く、リスクに見合う高い利回りを提供し、市場で活発に流通しています。

日本国はS&P社から「AA－」の格付を付与され、突出した財政赤字を背景に格下げ見直し対象となっています。米国は、連邦法定債務の引き上げは議会決議を必要とし、分断する議会で度々紛糾する決議となり、その決議が通過しないと連邦債務不履行となってしまいます。

その懸念から、格付機関はいずれも「ＡＡＡ」の最高ランクから格下げしています。信用力の低い発行体の債券は高利回りを提供し、投資家から人気の高い投資対象となっています。信用リスクに伴い、景気環境次第で大きく価格変動する投資対象です。

4 為替リスク

為替リスクについては度々触れてきました。日本は強い通貨の国として２０１２年まで基本的に50年近く円高基調が続きました。

安倍政権発足の２０１３年以降１米ドル対円は70円台から１００円台に転じ、直近では１６０円台まで円安となり、円高神話は崩れたように見受けられます。

日本の物価は安定し、その観点から購買力平価説に基づけば、円は明らかに割安に進行してしまいました。世界金融規模の増大が実態経済規模の増大を遥かに凌駕した現在では、通貨価値の尺度は貿易や経常収支の流れではなく、金融の流れに依存します。

従来から重要視されてきた購買力平価説は、今やその妥当性は薄れています。ポートフォリオ投資については、世界を俯瞰して検討すべきであることを強調してきました。為替はあくまでも世界を網羅して構成するポートフォリオの一要素にすぎません。ドル資産に投資する際、自動的に為替ヘッジを考えるのは本末転倒です。為替も投資判断の一環で、その観点からヘッジが適切と考えれば投資戦略の一環として検討すべきです。そして為替ヘッジを実施するにはコストが伴います。米ドル資産に投資し、ヘッジをするにはコストとして当然ながら金利コストがかかります。ドル投資に対してドル対円の金利差は現在４％ほどです。

そのようなコスト負担を負ってヘッジを実施するのは、余程急速に円高が進行すると確信できる事態のみでしょう。逆の立場で、米国からの日本株投資は為替ヘッジが多く組まれています。その論拠は円安が日本の株式市場の追い風となり、更なる上昇が期待できれば、円安に対してヘッジを実施することが有利となり、しかも金利の低い円に対するヘッジコストは安く済むからです。結論として、為替ヘッジはその論拠が明白な場合を除いて、むやみにヘッジを検討すべきではないでしょう。

5 デリバティブ・リスク

デリバティブとは、金融派生商品を意味し、主としてコールやプット・オプションのことです。

コール・オプションは証券や市場商品を一定価格で買う権利です。その逆にプット・オプションは一定価格で売る権利です。投資家として今後、株式市場が短期間でさらに10％上昇すると確信した場合、日本株であれば日経平均ＥＴＦを購入し、それが実現すれば10％の利益を確保できます。

それに対し、オプション市場は売ったり買ったりする権利を取得する行為で、実際に証券を購入する投資ではありません。

Ａさんは今後短期的に日経平均が大きく上昇すると予測し、Ｂさんは逆に日経平均はこれ以上、上がらず下がるだろうと予測しています。

Ａさんは、Ｂさんが保有する日経平均ＥＴＦを３か月間10％高い水準で買う権利を

Bさんから取得します。その時のコール・オプション価格は多くの複雑や要素の算定のもと決められます。

この例では ETF価格の10％としましょう。Aさんの予測通り日経平均が10％上昇すれば、日経平均ETFの10％の値段で取得したコール・オプションを行使することにより、100％の利益を実現し、Bさんは現物ETFを売却せず、10％高水準で売却し、なお10％に相当するオプション料を取得します。

プット・オプションも全く同じ原理が働き、買いに対して売る権利です。オプション取引市場は、膨大な規模となり、主として金融機関が裁定取引、ヘッジ取引や一部投機に利用されています。個人投資家も信用取引に従事する投資家間でも活発に利用されています。

ここでデリバティブ・リスクを敢えて取り上げたのには理由があります。

金融業者は一部活発な個人投資家を対象に、オプションを利用する取引を提供しています。ところが、最も安全志向を求める個人に対しても仕組み債と称し、高利回りを訴え、積極的な勧誘行為が横行してきました。

現在は、金融庁からの注意を受け、この悪習慣はほぼ解消に向かっています。

信用リスクの観点から債券の発行体は優良機関でありながら、その債券にデリバティブを組み入れ、利回りを高める仕組みを取り入れた債券です。

デリバティブの組み入れコストは、組成する専門家にしか明瞭でなく、しかるに販売利潤を不当に高くします。

そして、優良な発行体の債券の償還日とデリバティブの発行体の償還日が異なり、債券発行体は長期債を発行しても、短期のデリバティブ行使や償還を控えて、債券は短期間に償還されることが多々あり、償還ごとに新たな仕組み債を提供し、更なる利益を確保する販売行為です。

それらが長期に亘り合法的に販売が許可されてきたのが、不可思議でなりません。

6 流動性リスク

銀行の普通預金はいつでも自由に換金できますから、現金を除くと最も流動性の高い資金といえます。流動性リスクとは、投資を適正価格で換金できる難易度の表示です。不動産は市場価格で売買が可能ですが、取引市場は存在せず、実際に取引が実現するまでに時間もかかり、かなりの手続きも必要で、かつ実現売買価格は期待値から大きく乖離することもあります。

それに対し、上場株式は市場の実勢価格で常時売買が可能です。ポートフォリオの組み入れ内容により、換金には1週間程度の時間を必要とする場合もありますが、基本的に流動性を担保する資産です。

金融機関預かりの有価証券は、証券保管管理機構に登録されるので、たとえ取引金融機関が倒産しても、預かり資産の元本は保全されます。その観点から、1000万円の元本が保証される銀行預金よりも安全な資産と解釈できます。

ただし、取引金融機関で問題が生じた場合、資産は保全されても換金のタイミングが大きくズレるリスクは残存します。

7 税制リスク

保有資産に対しては常時、税制リスクを負います。

税制リスクに対する理解は税理士や専門機関に委ね、対応策を決めなければなりません。全体像としてはそのような対応が必要としますが、個々のケースには注意を要します。

例えば、各国の証券税法、税率、源泉徴収税等、税体系が異なりますので、ポートフォリオを組む際の注意事項です。税制対応には十分注意しなければなりません。

8 その他のリスク

当然ながら投資にはその他諸々のリスク要因が伴います。予期できない最大のリスクはシステミック・リスクで、それは突然襲ってきます。通常想定できない事象が発生し、全市場が急落を演ずるような事態を言います。テール・リスクとも表現され、統計学上確率が極めて低いにもかかわらず発生するリスクです。

リーマンショックや新型コロナ襲撃が近年の例として挙げられます。

第九章
投資対象としての金

1 金の根源的価値

人類史上、金《きん》の神秘は普遍であり、古代エジプト時代に遡って「金は神々の衣装」、南米大陸インカ族からは金を「太陽の涙」として崇められました。根源的な富として扱われる金の商品価値は歴史や地域を問いません。従って金投資信奉者は金を絶対的資産として取り扱っています。

一方、生産価値を本来の資産と考える投資家にとって、金は何ら価値を創出するものではありません。ケインズは金を「野蛮な遺物」とし、投資の賢人ウォーレン・バフェット氏も金は生産価値のない資産と決めつけています。

投資家自身が購入した価格よりも高い値段で、他の投資家が購入する事のみを期待する、永遠に生産価値を創出することのできない資産です。

金は利子を生むこともできず、工業的利用も限定的です。

どちらが正しいのでしょうか。

人類の最も根源的な力は「生存」です。まずは個人の生存で、そして種の存続です。その延長上に貯蓄が加わります。リスは冬に備えてどんぐりを備蓄します。人間も同様に、原始時代から食料やその他の必要物資を備えてきました。物々交換が始まると、普遍的な貯蓄と交換の手段が求められます。

貨幣がその役割を果たしますが、人類史上最も信頼を得てきた貨幣は金であり、実質的な役割を担ってきました。

金が普遍性を保てるのはその物理的要素に起因します。

○希少価値があり、採掘されている地上に存在する金の量は19万トン、残存埋蔵量は6万トンと推定されています。具体的な形で形容すれば、22立方メートル程度に過ぎない。

○放置しても減耗や破損はせず、品質は均質で、世界中どこでも認められる。

○単位当たりの価値が高価で、実質資産として備蓄や持ち運びが比較的容易。

○唯一世界中いつでもどこでも現金に交換できる資産で、世界の中央銀行が準備通貨として保有。

○無記名で均一の資産。宝石でさえすべて固有資産で、普遍的価値はない。

これらすべての要素を兼ね合わせている物的資産は他にありません。

②金本位制

金は歴史的に国家通貨として利用されてきたのみならず、19世紀以降、大英帝国を中心に金本位性が成立し、国際基準通貨となりました。

各国の通貨単位に対し、金価格が定められ、いつでもその単位に基づいて金と交換できる制度です。金本位制では加盟国の国家経済は絶対的な規律を強要されます。例えば、国家の貿易赤字が拡大すると、その赤字額は金での返済を要し、是正には緊縮財政を強要することにより、赤字を解消しなければならなくなります。

１９３０年代の世界恐慌に突入し、主要国は景気の痛みに耐えられなくなりました。31年には英国からの金の流出が止まらなくなり、英国は金本位制から脱退し、他の諸国も追随することとなりました。

③ ブレトン・ウッズ体制から変動為替制度への移行

第二次世界大戦末期、連合国首脳は米国ニューハンプシャー州ブレトン・ウッズに集合し、戦後の国際金融体制を制定しました。

金基準通貨制度が発足し、米35ドルは1トロイ・オンス（約31ｇ）の金との兌換価格が決定され、円は対ドルで３６０円に設定されました。

70年代のスミソニアン体制に移行するまで、固定為替制度が存続しましたが、ベトナム戦争の多大な出費に加え、ジョンソン大統領が遂行した社会保障改革等の膨大な出費の結果、ニクソン大統領時代には金の流出を止めることができなくなり、中間措置であったスミソニアン体制も崩壊し、以降変動為替制度が定着し、今日にいたっています。

4 以降の金の位置付け

70年代以降、変動為替制度は定着し今日にいたっています。金と通貨価値は完全に切り離され、以降金は独立した資産として自由市場に委ねられていきます。

しかし、変動為替制度に移行した時点で、世界の中央銀行は大きく蓄積した金在庫を保有していたので、世界各国の中央銀行の保有金在庫は外貨準備金として存続し、金は国際通貨としての役割を継続してきました。

当初ヨーロッパを中心に各中央銀行は、準備金として価値のある金外貨準備金をこぞって売却しました。中央銀行からの金放出による値崩れを防ぐ目的で、ヨーロッパ諸国は2000年代まで金の売却を制限してきました。

米国は世界最大の金保有国でありながら、金在庫の売却は一度もありません。

70年代当時、米国はスタグフレーションが定着し、インフレがはびこる中、金のインフレヘッジ機能が効果を発揮し、急騰した金価格は、一時的に当時最高値の850ドルに達し、その後インフレの低減に伴い、金価格は90年代以降下降を続け、2000年当時に200ドル台に定着したと見られたところ、以後の10年間、金価格はどの金融資産をも凌ぐ上昇を記録しました。

そのような事態のもと、2009年ごろには中央銀行による金の放出は皆無となり、以降は金準備高構築に転じています。歴史的に金の準備高は欧米に集中していましたが、今では、新興国は外貨蓄積に伴って金の購入を積極化させています。地政学状況が悪化する中、中国とロシアが最も金購入を高めています。

5 金ETF

元来、金は世界中の中央銀行の準備金として金庫に金の延べ棒が保管され、投資家の金投資も延べ棒、金塊やコインで保有されています。

それ以外は、資産目的も含めて金は装飾品として重宝されています。いずれにせよ、投資資産として物理的に保管されなければならず、自由に売買するにも相応の手続きと費用を必要とします。

そのような金投資の常識を覆したのが、金ETFです。ちょうど不動産投信（リート：REIT）が開発され、不動産の物理取引ではなく、金融取引が可能になったのと同じ仕組みです。金ETFも複数の種類のETFが発行されています。

投資金額に相当する金在庫に裏付けられたETFが主流となっています。金現物を保有する満足感は欠けるかもしれませんが、実物金に裏付けされ、いつの時点でもその時点の市場価格で自由に取引できる利便性の高い投資対象となっています。

代表的な金ETFであるSPDRゴールドシェアETF（GLD）は、高い流動性のもと、売買の対象として金価格の大きな変動要因ともなっています。

GLDの時価総額は現在約7000億ドルで、その残高も大きく変動しています。

6 金投資の正当性

「有事の金」と言われる通り、総合的に分析すると金は有効な投資対象です。

株式や債券などは、その投資尺度に基づき論理的に価格形成がなされます。

それに対し、金価格は金の限界的採掘コストが価格形成の前提とはなるものの、論理的な価格水準は一切ありません。

基本的には普遍的な物理的資産であり、その価値判断は状況により総合的になされるしかありません。国家や通貨に対する信頼度が金価格に大きな影響を与えます。国の財政や紙幣の劣化がある限り、金の価値は保存され高められます。

地政学的な不安が高まれば、金に対する信頼は高まりますが、信頼度と金価格水準と投資需要で決まることです。

インフレヘッジ資産とも言われますが、インフレが進行すれば、金利体系も上昇に転じ、利子を生まない金価格が下がったりもし、デフレ環境でも金の価値が保存できるとも限りません。

ポートフォリオ運用では、総合的な判断として、ヘッジや資産保全の観点から平均的に投資金額の５～10％程度が妥当と考えます。

暗号通貨も普遍性の観点からは金と類似しています。

ブロックチェーンの技術を駆使し、通貨発行量は完全に固定され、投資家の購入や取引は絶対的に保全されます。ですが、価格設定の基準内在的価値もなく需給のみで決定される通貨として扱われています。

金か暗号通貨のいずれか、又は両方を選ぶかは投資家の判断次第でしょう。暗号通貨がどのように展開するか全く予想はつきませんが、リスクとリターン期待から投資金額の2～3％が妥当だとのプロ投資家の見解をよく耳にします。

第4部

第十章

リーマンショック後変貌した世界経済・金融体制

21世紀に入り、米国では金融工学開発を隠れ蓑とし、金融機関による無謀な住宅融資に翻弄され、一世紀に一度と言われるような世界金融危機が発生しました。米国大手金融機関リーマン・ブラザーズの倒産劇を招いたのです。世界規模のバブル崩壊発生に対し、主要国は緊急経済対策を打ち、未曾有の財政と金融出動を発動し、幸い恐慌は回避されました。

しかし膨大な債務に追われたグローバル経済は、ギリシャをはじめとして債務不履行危機を誘発し、初期財政救済以降は緊縮財政が謳われ、以後、金融政策が本質的な変遷を遂げました。

国家の経済政策は、「財政」と「金融」の両輪からなっています。財政とは、一国の政府が税金を徴収し、その用途を決める政策です。

財政の均衡とは、税収とその用途(支出)が一致するバランスのことです。そのバランスは自動的に保たれることではなく、政策内容や景気の実態に大きく影響を受けます。経済活動が減速すれば税収は縮小し、支出との差(財政赤字)が発生します。バブル崩壊後の日本経済は低迷する経済動向のもと、恒常的な財政赤字が続き、それにより経済活動が支えられてきました。

当時ギリシャの財政赤字は、GDP比120%程度で、主要債権国からの強要が災いし、危機に陥ったのです。現在日本の財政赤字はGDP比250%ほどに膨張していますが、2200兆円規模の国民金融資産に支えられているので、能天気に推移しています。

金融とは、経済活動を円滑にするお金の流通のことです。

そして、金融制度とは中央銀行が流通するお金の量や流れを調整し管理する制度です。中央銀行は、公開市場操作で民間市場へ資金を供給したり、環流したりします。景気が加熱すれば市場から資金を吸い上げ、結果、資金コスト(金利)が高くなり、経済活動を減速させます。

景気が冷え込めば、市場へ資金を供給し、資金コストを引き下げ、経済活動を活発にします。

日本では日本銀行がその役割を演じます。政策決定会合において金融機関から国債を買うことによって資金を供給したり、逆に売ることによって資金を吸収し、金利を目標値に誘導しています。

1 QEの採用

主要国による世界恐慌を回避するための措置は、各国の財政赤字急拡大を伴い、以降は金融政策を中心に経済政策が展開されました。

２００９年発行のカーメン・ラインハート、ケネス・ロゴフ両教授による著書『国家は破綻する：金融危機の８００年』(This Time Is Different)は８００年の世界歴史上、いずれの国家の財政赤字がＧＤＰ比90％を超えると、経済成長が停滞するとの実証検証を行い、大きな反響をもたらしました。

主要国は、財政刺激策を後退させ、同時に採用されたのが、いわゆる異次元金融量的緩和(ＱＥ)です。景気停滞を回避させ、成長を促す措置で、世界の主要中央銀行がこぞって採用し、金利は限りなくゼロに収束しました。

１９９０年代以降、金融緩和策を採用していた日銀は、マイナス金利政策に転じました。それまで大きな変動がなかったリーマンショック時点での中央銀行である米連邦準備理事会(ＦＲＢ)の負債は９０００億ドル程度であったのが、２０１４年末には

4兆5000億ドルに膨張し、その後一時的に3兆7600億ドルに減少したものの、コロナ禍後一気に8兆9550億ドルに拡大。

その後、縮小傾向に転じたものの、現時点でなお7兆ドル台を維持しています。ヨーロッパ中央銀行(ECB)も日本銀行同様の措置をとってきました。のみならず、米FRBは負債を減らしているのに対し、ECBと日銀は高水準を維持したままです。

ECBの負債は、リーマンショック前後の4兆3000億ユーロ規模からコロナ禍時点で13兆1000億ユーロまで拡大し、現在の水準はそれを若干上回っています。

日銀の負債は、115兆円からコロナ禍時点で578兆円に増大し、その後2022年には739兆円に達し、現在はその金額を上回っています。

要は、市中に無尽蔵の資金供給を実施することにより経済成長率を高める意図で、それはある程度の成功を収めています。同時に金融政策を中心とした景気循環対策は経済成長を促進する以上に資産価値の拡大につながっています。

世界経済成長は国際通貨基金(IMF)の集計では、コロナ禍までは年率3%台の経済成長を維持してきましたが、それは中国を先頭に新興国経済の高成長が寄与したことによって達成した数値です。

米国経済は、リーマンショック以前の年率3%程度の成長から、それ以降は年率2

%程度に減速しました。

世界の主要中央銀行が市中に無尽蔵な資金供給を可能としたのは、それら諸国のインフレが沈静化し、資金量の急拡大にも関わらず、目標インフレ率であった2%前後を維持できたからです。

世界が自由経済体制に移行した後は、資本、金融、人事交流が経済効率を高め、インフレ率の恒常的沈静化が実現。その中、デフレ圧力のもと、日本は同様に目標インフレ率2%に到底達することのない低インフレが蔓延っています。

2 実践MMT

元米財務長官でハーバード大学教授ローレンス・サマーズ博士はその状況に対し、2010年代の半ばには「時代的景気停滞論」を発表し、機動的財政拡大を訴えました。

インフレ圧力が発生しない環境で同時期、俄に注目を浴びたのが現代貨幣理論(MMT)です。それまでの財政赤字拡大警鐘に対する見解が大転換となり、インフレ率が抑えられる限り財政赤字の拡大は、国家を債務破綻に追い込むことはないとの論説です。

その理論的根拠は、構造的インフレ率の上昇傾向がなく、かつ将来においても低インフレ状況さえ安定的に推移すれば、金利負担を軽減し、財政赤字の増大は構造的に経済成長を高めるとの考えです。

２０１７年米国景気が順調に推移している中、トランプ大統領は、保守勢力を押し切って、１・５兆ドル規模の減税を実施し、その経済効果により米金融政策は一時的に正常化方向に転換しました。

タガが外れた積極金融に未曾有の財政政策を加えることにより、潜在成長力を高めるこの経済理論は、コロナ禍をきっかけに本格的実践の機会を提供したのです。

３　コロナ禍後の展開

２００８年に発生した世界金融危機は、１００年に一度と言われる経済危機に直面し、ＱＥ（異次元金融量的緩和）採用により世界大恐慌を回避し、コロナ禍は、積極的な

QEと実践MMT（現代貨幣理論）の組み合わせの採用で世界経済は立ち直っています。

④ インフレの台頭

コロナ禍で世界経済構造に大きな疑問を投げかけたのがインフレの台頭です。コロナ禍発生後、瞬間的に失速した世界経済の復興を目指し、主要国はこぞって未曾有の財政金融対策を実施しました。

一時的に断絶した世界生産体制は、大規模なサプライチェーンの歪みに直面し、結果として30年来のインフレ圧力に直面しました。

日本を除く欧米は、二桁近辺までのインフレが発生し、以後インフレ対策に直面した喫緊の政策課題となり、米FRBは政策金利をゼロから5％台に引き上げました。

楽観的見解は、インフレの急騰が需給アンバランスによるサプライチェーンの歪みの結果で一過性の事態と観測。そして2年近くに亘る米国の持続的な金利の引き上げは、ようやく効果を上げ始め、目標インフレ率2％は中期的に達成可能と観測しています。

しかし地政学的にも国家経済政策的にも、分断された世界は30年間常識とされてきた恒常的に定着した２％程度のインフレ率を今後も達成するのに対し、大きな疑問も残っています。

もし、構造的インフレ要因が高まれば、10数年間定着したゼロ金利やマイナス金利の復活は過去の産物になりかねないと理解すべきでしょう。日本は例外で、金融政策正常化の選択肢は限られている状況です。

楽観論者の期待通り、インフレ率が２～３年内に従来の２％程度まで下落し、再び恒常化すれば、ＭＭＴ及びＱＥは再度ニューノーマル状態として、採用されるでしょう。

空想の次元に陥った世界財政は、たとえ金利の引き下げが実現しても更なる対応策が喚起されることとなるでしょう。

5 財政赤字

日本の累積財政赤字はGDP比230％であったのが2024年には250％に達すると予想されています。

米国は、コロナ禍後財政支出は急上昇し、今年はGDP比100％に達し、2030年には120％に増大する予測です。リーマンショック後に財政破綻を経験したギリシャや財政危機に陥ったイタリアの赤字比率を超える予想です。

先進国で累積財政赤字が90％を下回る国はドイツとオランダのみとなっています。中国を含め、主要諸国はいずれも人口減少を抱え、そしてウクライナ戦争勃発後の国防費増強は喫緊の課題です。加えて中期的には環境対策などの負担も急拡大を要します。

財政支出の拡大は不可避となり、是正策としては生産性向上と増税以外に選択肢はありません。いずれも赤字財政の拡大に逞行するのは必至でしょう。

新型コロナウイルス対策として、主要国は節度のない積極財政に転じました。その結果、主要国のＧＤＰ比の累積赤字が急拡大しています。財政の規律がなくなった世界も今後の大きな課題として残存します。ＭＭＴ信奉者は意に介していませんが、その理論はインフレが加速すれば、軌道修正が必要となるのは必至でしょう。

6 世界総資産の膨張

米コンサルティング会社マッキンゼーは２０００年以降、世界経済の総資産額は１６０兆ドル増加したと試算しています。

換言すれば、世界中で１・00ドルの投資に対し１・90ドルの負債が加算されたことです。20年余りで１・00ドルの投資は３・40ドルに増

◉国際通貨基金（IMF）統計の主要国対GDP比財政赤字

	世界金融危機前	2015年	2020年
日本	135%	190%	220%
米国	45%	87%	118%
英国	64%	87%	105%
フランス	55%	77%	93%
イタリア	98%	130%	150%
ドイツ	40%	45%	45%

大したことを意味します。当然、経済成長やインフレ進行も寄与しているので、この流れは特に不思議と捉える認識が一般的に希薄だったかもしれません。

しかし、21世紀以降、世界経済成長率が鈍化している最中、実態経済成長率に対し、金融資産はそれを遥かに上回る3・4倍に拡大したのです。

20年強の期間に展開してきたこの事実は、不都合な二大課題を喚起しています。その一つで認識が高まったのは、世界的に個人資産と所得格差が急拡大したことです。

世界の個人及び国家間分断に大きく起因したことは否めない事実でしょう。そして、長期に亘る低金利の恩恵は、たとえ少しでも金利水準が高まれば、今後、世界的な金利負担増に転換することです。

新型コロナウイルス発症後、世界インフレは上昇に転じ、それに伴い金利水準も上乗せされるにいたっています。メルクマールとされる米国10年国債の金利は一時的に5％近辺に上昇し、その後のインフレ低減のもと、現在4％未満に下がりました。しかし、2％まで低下するかは疑問視されています。

7 金利論争

今後、世界インフレ率は30年間定着してきた2％前後まで再び低下するのか。それとも摩擦が高まる世界経済体制下インフレ水準は、一過性のサプライチェーンの歪みが是正された後に構造的インフレ率は多少でも高まるのか。最も注目される経済指標です。

そして、金利に対する見解も大論争に展開しています。２０２２年に出版された金融史研究者エドワード・チャンセラー氏の著書『金利「時間の価格」の物語』(The Price of Time)は金利の歴史的考察のもと、近年異常に低くなった金利体系の批判書として注目を集めました。時間の価格とは金利のことであり、金利とは現在と将来を結ぶ割引率です。

貯蓄とは、現在消費を控えることにより、将来の金利返済でその対価を求める行為です。

その対照的行為が信用創造で、融資を受け将来の返済で融資の対価（金利）を支払う行為です。

要は、債権者はお金を貸せば元本を上回る返済を受け、債務者は借りた元本を上回る返済を支払うということです。従って、本質的に実質金利がプラスでなければ資本は成立できず、資本主義は存続できません。

チャンセラー氏の５０００年の歴史的考察に基づき、長・短金利は恒常的プラスであり、普遍的な歴史の事実として証明されていると論じています。日本では、バブルが弾けて以降、金利は限りなくゼロに接近してきましたが、それはデフレ環境の産物であり、歴史的には一過性の現象でしょう。時間の価格としての金利水準は如何にして決まるのでしょうか。

基本的には、金利はインフレ率を下回れば実質金利はマイナスとなり、お金を貸したり貯蓄したりする理由はなくなってしまいます。

中央銀行の金利操作は、基調インフレ率に対する調整弁の役割を果たしています。金利水準は、たとえ一時的にはインフレ率に対しマイナスとなることはあっても、長期的には金利は常にプラスであることが、チャンセラー氏の考察と結論として多くの賛同を得ています。

リーマンショック後、金融政策を采配し、歴史的な異次元量的金融緩和策を導入した元米FRB議長で、ノーベル経済学賞を受賞したベン・バーナンキ氏は、チャンセラー氏の著書と前後して『21世紀の金融政策』(21st Century Monetary Policy)を出版し、それは「時間の価格」と真っ向から対比される内容です。

銀行業界が抱える構造的脆弱性に鑑み、救済策を含めたリーマンショック以降の異次元量的金融緩和(QE)は、政策手段として成功し、今後も有効政策手法として正当化し、将来の有力な政策手段と論じています。

リーマンショック後の世界経済救済策として、コロナショック後も迅速に景気回復を誘導することに成功を成し遂げた歴史的実験として高く評価されています。

ニューノーマル時代でQE採用が常態となるのかは今後の大きな課題でしょう。景気対策として、その効果は高く評価されていますが、チャンセラー氏が指摘するゼロ金利や超低金利がもたらした未曾有の金融資産増大、所得格差が分断の大きな原因となったことも否めない事実です。

8 今後の展望

株式市場動向の今後の決定的要素は、金利及びインフレ動向に集約されることとなるでしょう。

理論的に株価水準評価として、常に注目されている指数に、ノーベル経済学賞受賞者ロバート・シラー博士開発の「景気循環調整後株価収益率」（ＣＡＰＥ）が挙げられます。

本書で既に解説した従来の単年度株価収益率（ＰＥＲ）に対し、10年間の景気循環とインフレ調整済みで評価した指数です。リーマンショック後の時代には超低金利、過剰金融環境下、従来の平均株価水準を大きく上回ってしまいました。

歴史的平均ＣＡＰＥの17倍に対し30倍台までの高倍率が新たな水準になってしまいました。ＣＡＰＥの大前提は、リスクのない歴史的割引率を３〜４％としています。

当然ながら米国10年国債利回りが１％台まで低下した時点では、その分、割引率を調整する必要が生じます。

それに基づき、シラー博士は、実質金利で調整したPERとしてECY（超過CAPE利回り）を開発しました。株式のリスクプレミアムは従来の3％程度とすれば、理論的株価水準は基本割引率の前提で決まります。

一般的には、今後米国10年国債利回りは3％程度までは下がる期待が持たれています。それを一つの基準として展望しましょう。割引率3％の前提で、株式リスクプレミアムが2～3％と仮定しますと、基準PERは17％～20倍と算定されます。

いずれにせよ、株式市場の長期展望は、今後の長期的インフレと金利動向により理論値の位置付けが決まります。

リーマンショック以降の低金利、低インフレ時代が長らく継続してきました。その前提が大きく変化すれば、未曾有の世界株価上昇には、今後警戒シグナルが点滅します。

第十二章

日本株式市場の特異性

東証は、時価総額が史上初めて1000兆円を突破し、中国と香港を除き、時価総額世界第二位の株式市場です。自由市場ではあるものの、投資家としては日本独特の市場特性を認識すべきでしょう。

日本は資本主義国でありながら、国家機関の日本銀行が最大の投資家となっており、国が株式市場に直接的に関与しているのは恐らく日本だけでしょう。

1 日銀保有ETF

リーマンショック以降、株価の急落を懸念した政府は、日銀を通して株価を支える目的で、積極的に日本株を買い続けてきました。

ETFが開発されたので、簡単に指数連動で市場において幅広く購入しています。流石《さすが》に株価が新高値圏に到達してからは、新規購入を停止していますが、今年の3月末で日銀保有の日本株は時価で74・5兆円に達し、東証プライム市場時価の7・6％の保有となります。幸い簿価の37・2兆円に比べて大きな含み利益を抱える結果となっています。のみならず、日銀はJ‐リートにも投資し、簿価に対しその時価は

7400億円になっています。資本主義国で国家機関が自国市場で最大の株主となっているのは日本だけでしょう。

2 年金積み立て金管理運用独立行政法人(GPIF)

GPIF(年金積み立て金管理運用独立行政法人)は、世界最大規模の公的年金基金で、運用資産規模は246兆円に達しています。基本的運用配分の1/4が日本株で、その時価は61・6兆円で、これも東証時価の6・4%保有となります。

3 日本郵政グループ

日本郵政は民営化したのち、現在、日本政府は1/3強の保有率に引き下げられました。それでも筆頭株主として支配権を保持。日本郵政グループは傘下のゆうちょ銀行、かんぽ生命を含めた保有有価証券は190兆円規模で、内訳は分かりませんが、その中には大量の日本株が含まれていると推測されます。

4 外国人投資家

現在、外国人投資家の日本株持株比率は32％近辺で、揺るぎない最大投資家群を形成しています。保有比率に留まらず、東証出来高のほぼ75％を占めています。

バブルピーク時点での保有比率は、4・2％であったのに過ぎず、その後、割安に放置された日本株に対し年月をかけて拡大してきました。その多くは長期投資家で構成されていますが、実際の取引は高速売買が主流で、株価の短期的間隙を標的とした取引が主流です。短期的株価変動に大きな影響を及ぼしています。

5 政策保有株

戦後の経済成長期で事業会社の財務体質は脆弱で、銀行は事業会社の5％までの株式保有が認められていました。

日本の金融機関はバブル後、統廃合等と企業支配排除対策が実施され、その結果、銀行の保有比率は16％から3％、生保は16％から4％まで低下しています。それ以外にも企業間の保有解消も促進され、直近の企業による政策保有株の比率は時価ベースで60兆円割れとなったと報道されています。

この観点からは、株式市場の流動性を高める施策は効果を成し遂げています。同時にこの対策は遅々とした進行でした。

6 能動化した東証

10年ほど前から企業統治改革が進行し、機関投資家と企業との対話を高めるスチュワードシップ・コードが導入され、その後コーポレート・ガバナンス・コードが発足。企業統治改革はあらゆる観点で進展が見られます。

証券の円滑な流通市場を提供する東証は、昨年来一歩踏み込んで、具体的な企業改革と株価対策の奨励を開始しました。既に述べましたが、低く放置されてきたＲＯＥ

向上に対して、株価自己資本比率１倍未満の企業に対し、具体的に是正策を喚起しています。

海外から多くの「もの言う」ファンドは、企業資産の有効活用などを提唱し、東証の奨励と合致する方向に転じています。

7 個人投資家

バブル崩壊の１９９０年時点で、個人投資家の株式保有比率は20・4％でした。ほぼ25年経過した時点でその比率は16・9％となり緩やかな低下を辿ってきました。新ＮＩＳＡが発足し、年初来、半年間で７・５兆円の個人資金が投下されたと報道されています。

日本株への配分にもよりますが、今後個人投資家の比率が高まるのは必至でしょう。そうなれば日本市場の流動性と安定性を高める要因となるでしょう。

8 まとめ

日本株式市場の特性をまとめ、今後の糧となれば幸甚です。

日本株式市場の最大の特性は日銀、ＧＰＩＦやその他の政府関連機関が大量の自国株を保有していることです。ことに日銀の株保有は国家機関が株式市場の最大株主となっており、不可思議としか言いようがありません。

そして、過去もそうでしたが、海外投資が常時株価動向に最大の影響を与えていることです。

一方では、高速取引で短期的利益追求や裁定取引が東証の出来高の大半を構成している事実。他方では、昨年、投資の巨人ウォーレン・バフェット氏が大量の商社株を買い付け、商社株のみならず、東証の株価上昇の火付け役を果たしたのは記憶に新しく、その影響力をまざまざと見せつけられました。

付録

投資
基礎知識
問題

読者の皆さんに投資に関する私の知識をできる限り伝授したく、筆を執ってきました。ここでは簡単なクイズに挑戦していただきたいと思います。問題の後には、解答と解説を提供します。

問題

【問題1】銀行預金100万円に対し、年率2％の利息がつく場合、5年後の預金残高はいくらになるでしょうか（税金は考慮に入れません）。

①102万円以上
②102万円
③どちらとも言えない

【問題2】預金に対し、年率1％の利息が付き、その間インフレは年率2％で進行すれば、1年後に預金残高の購買力は増えますか、それとも減りますか、同じでしょうか。

①増える

②減る
③同じ

【問題3】もし金利が上昇すれば、債券価格は上がるでしょうか、下がるでしょうか、もしくは金利は債券価格に関係ないのでしょうか。
①上がる
②下がる
③金利は債券価格に関係しない

【問題4】15年満期の住宅担保ローンの返済は30年ローン満期のローンと比較して、月間返済額は30年ローンより多額になりますが、総額は少なくなります。
①正しい
②間違っている
③どちらとも言えない

【問題5】一般的に、株1銘柄を買うことは、株式投資信託を買うより安全です。

①正しい
②間違っている
③どちらとも言えない

【問題6】もしある会社の株を買ったら、

①その会社の部分所有者となる
②その会社に融資する
③その分その会社の債務の責任を負う
④その会社は利子をつけて買った株の資金の返済を受ける
⑤いずれも正しくない

【問題7】もしある会社の債権を買ったら、

①その資金はその会社に貸したことになる
②その会社の債務を負う
③その会社の株主決議に投票できる

④そのいずれでもない

【問題8】ある一定の期間で、リスクの高い投資をした場合、それより低いリスク投資よりも高い利回りを期待する。

①正しい
②間違っている
③どちらでもない

【問題9】もしある会社が破産宣告した場合、次のどの証券が最も大きな損失を被る可能性が高いですか。

①その会社の優先株
②その会社の普通株
③その会社の債券
④いずれでもない

【問題10】ある会社の株1000ドル分に対し、信用取引で500ドル投資します。その会社の株価は50％下落し、その時点で売却します。その投資家が当初投資した500ドルのいくらが残りますか。

①500ドル
②250ドル
③0ドル
④いずれでもない

【問題11】アクティブ・ファンドと比較して、指数連動ファンドに対し、主にどの利点を期待しますか。

①短期的な観点で指数連動ファンドの方のリスクが小さい
②指数連動ファンドは一般的にアクティブ・ファンドより販売手数料や諸経費が低い
③指数連動ファンドの方が一般的にその価値が下がる可能性が低い
④どちらとも言えない

【問題12】50ドルで行使できるコール・オプションを持っている投資家で、その株が40ドルで取引されています。オプションの行使日がその日の場合、そのオプションの現在の価値はいずれですか。

①10ドル
②0ドル
③マイナス10ドル
④いずれでもない

【問題13】空売りの定義は以下のいずれでしょうか。

①ある株を買って間もなく売却する行為
②ある株が高値を付ける前に売却する行為
③ある株を損して売却する行為
④信用取引で借りた株を売却する行為

【問題14】２００２年から２０２２年の20年間でリターンの最も高かった投資は以下のいずれでしょうか

①株式
②債券
③短期債
④金
⑤いずれでもない

これらの質問はいずれも全米証券自主規制機構ＦＩＮＲＡが、一般投資家を対象として実施されているクイズです。正解率は向上していますが、クイズ解答の40％台に留まっています。クイズ回答者の半数は50％程度の正解率に留まっています。個人資産のうち株式が占める比率が、日本は12％程度ですが、米国は53％を占めています。個人金融資産の半分以上を証券に投資している米国でさえ、証券投資に関する知識が極めて低いことが判明しています。証券投資は知識に基づいているというよりも、資本主義国として証券投資を信じる風土に起因しているのではないかと思われます。日本では個人の金融リテラシーを向上させることが大きな課題となっていますが、それよりも証券投資を身近な行為に仕向けることが必至でしょう。

読者の皆さんが、米国の個人投資家以上の投資知識を持たれてることを期待します。

解答

【問題1】正解は①102万円以上

税金のことを考えなければ、複利計算となり、利子率以上の預金残高となります。例えば、5年後の預金残高は110万4100円となり、複利の金額は4100円となります。

【問題2】正解は②減る

1年後の預金残高は101万円となりますが、実質購買力は98万9800円となり、残高は実質ベースで目減りしています。インフレ率が預金利率より高ければ実質預金残高は減り、預金利率がインフレ率より高ければ実質預金残高は増えます。

【問題3】正解は②下がる

金利と債券価格との関係は「金利リスク」の箇所で説明された通りで、金利が上昇すれば債券価格は下がり、金利が下がれば債券価格は上がります。

【問題4】正解は①正しい

ここでは15年ローンも30年ローンも同率の5％と仮定します。１０００万円のローンに対し、月間返済額は15年ローンの場合7万９０７９円で利払い総額は４２３万４３００円となります。それに対し30年ローンの場合、月間返済額は５万３６８２円で、利払い総額は９３２万５６００円となり、30年ローンの利払負担は15年ローンに対し倍以上となります。

【問題5】正解は②間違っている

１個別銘柄に投資するよりも、株式投資信託は複数の銘柄を組み入れ、それら銘柄間の相関が異なれば変動を軽減します。ですので投資信託に投資したほうが安定性を高めます。日経平均等の株価指数の変動率はベータと称され、もし特定銘柄の変動率が指数平均値を上回ればベータ値はその分高まります。例えば、ソフトバンク・グループの株価は、日経平均が上下10％動くとそれに対し上下20％変動すればその変動率は指数の倍となりますから、ベータ値は２となります。また、たとえ個別銘柄や指数間のベータが高くてもそれらの相関が低ければ、ベータを低める効果をもたらせます。例えば、ベータ値が2であるソフトバンク・グループに対しベータ値0・5の債券ETFを同額組み合わせれば、ベータ値は1・375となり、双方に同額投資すればリスクを軽減することが可能となります。

【問題6】正解は①その会社の部分所有者となる

株式投資は会社の所有権を取得する行為です。ですので、出資比率に応じ会社意思決定に参画し、配当などの利益配分も享受します。と同時に債務不履行などに陥ると、全額損失のリスクに晒されます。

【問題7】正解は①その資金は会社に貸したことになる

債券発行企業に貸付を行う行為です。返済能力が保全されれば満期に利息と元本が返済されます。

【問題8】正解は①正しい

基本的にリスクとリターンは相関関係にあり、高いリターンを求めればそれ相応の高いリスクをとる必要があります。リスクとリターンは表裏一体です。

【問題9】正解は②その会社の普通株

【問題7】で解答済みですが、普通株は会社の部分所有者であり、その会社経営の全責任を負います。その会社が返済能力を失った場合、すべての債権者に返済を行い、残存価値のみが株主に還元されます。優先株も普通株と同様その会社の部分所有者でありますが、通常、普通株主に比較し、議決権は制限され、高額の配当が支給されます。会社の清算に際しては、普通株主より優先して優先株主に返済がなされます。

【問題10】正解は③0ドル

信用取引とは借金して投資する行為です。この問題では、1000ドル分の500ドルを借り入れて、本人の資金500ドルと合わせて出資します。その会社の株価が50％下落したことは、借金の分を含めて全額損したことになります。もし信用取引でなければ、その投資家の500ドルを出資して、半額の250ドルの損失となります。

【問題11】正解は②指数連動ファンドは一般的にアクティブ・ファンドより販売手数料や諸経費が安い

指数連動ファンドは、一旦その仕組みが完成し機械化すれば、投資資金はほぼ自動的に投資が行われ、基本的に追加経費は最小限で抑えられます。それに対し、アクティブ・ファンドは有能なファンド・マネージャーが入念な調査や技術を駆使するにあたって、その諸経費は指数ファンドを上回るのが一般的です。

【問題12】正解は②0ドル

オプションとは将来実行できる権利のことです。その権利から得られる価値を期待して権利を購入します。コール・オプションは買う権利で、この質問ではおそらく投資家は将来、その権利を行使する株価が50ドルを上回ることを期待してオプションを保有しています。ところが権利の行使期限日にその株価は40ドルに留まっています。50ドルを上回れば、権利を行使して差額を儲ける期待が、行使できなくなりました。結果として紙切れとなったので、オプションの価値は0ドルとなっています。

【問題13】正解は④信用取引で借りた株を売却する行為

空売りとは持っていない株を売却することで、どうして持っていない株を売れるのか疑問に思うかもしれません。ある株が下がると思った場合、投資家はその株を借りることが可能で、そして売却した後に貸し出した投資家に株を返却する取引です。

【問題14】正解は④金

金価格は、２０００年代に入り1トロイオンスあたり２００ドル近辺まで下落しました。その後価格は急騰し、２０２２年末には２３７０ドルまでの上昇を演じています。その間予想以上の活躍を果たしました。

この20年間で米国では株式も大きなリターンをもたらせました。ＮＹダウ平均はその間1万４４８９・４1ドルから3万５１０２・９４ドル、２・４倍上昇しました。債券価格は満期の相違によってリターンは異なりますが、期初から期末には金利が上昇しましたから、低いリターンに留まっています。

エピローグ

リーマンショック後、新型コロナウィルス発症まで主要国経済成長は減速し、経済政策も日本に類似する方向に展開しました。経済成長も鈍化し、インフレも減速し、金融政策もゼロ金利方向に収束、日本以外にもマイナス金利政策の採用が散見されました。

ところが、コロナ禍後は、需要の回復に伴い、主要国のサプライチェーン逼迫がインフレを喚起し、日本を除いた主要国は、対応策として金利の急騰を余儀なくされました。デフレ脱却を目指す日本と欧米との金利差が拡大し、それは前世紀来の円安をもたらせています。

日本は世界的に格安の国となり、インバウンド観光客の襲来による経済効果は当然ながら、それ以上に経済体制をも変革の糧を提供しています。

地政学的要因も加わって、政治も安定している日本は、先端企業を含む外資の攻勢の受け皿として絶好の国です。

2023年来の日本株式市場の活況も海外投資家によるものです。火付け役のウォト・レン・バフェット氏以降、企業統治改善対象の多くの企業は、もの言う海外ファンドの標的となってきました。カナダ企業によるセブン・アンド・アイ社買収提案には誰もが意表をつかれたと思います。

黒船到来以降、日本は大きく外圧の影響を諸《もろ》に受けてきました。アベノミクスは国内発祥の経済改革で大きな成功に至りませんでした。

今回は外資攻勢が日本の資本市場改革に一躍を担うことを期待し、一般投資家も資本市場に対する理解を高めるカタリストになることを切望します。

2024年10月

伊藤　武

伊藤　武（いとう たけし）

株式会社LOGOSキャピタルパートナーズ
創業取締役社長
関東財務局　登録投資助言業者

履歴
甲南大学理学部卒
英国ケンブリッジ大学経済学修士

ドレクセル・バーナム・ランベール米国本社
クレディスイス・ファーストボストン　ディレクター
日興ソロモン・スミスバーニー　マネジングディレクター
UBS投信投資顧問株式会社代表取締役社長
ジャパンウェルスマネジメント証券株式会社　最高顧問
あおぞら証券株式会社副会長兼最高執行責任者
アズビル株式会社　取締役

日本人初のニューヨーク証券取引所
スーパーバイザリー・アナリスト資格取得者
ケンブリッジ大学ペンブルック・カレッジ同窓会委員

老後に備える もっとも確実な資産運用術

2024年11月20日　第1版第1刷発行

著　者　伊藤　武
発　行　株式会社ＰＨＰエディターズ・グループ
〒135-0061　東京都江東区豊洲5-6-52
☎03-6204-2931
https://www.peg.co.jp/
印　刷
製　本　シナノ印刷株式会社

ISBN 978-4-910739-64-9